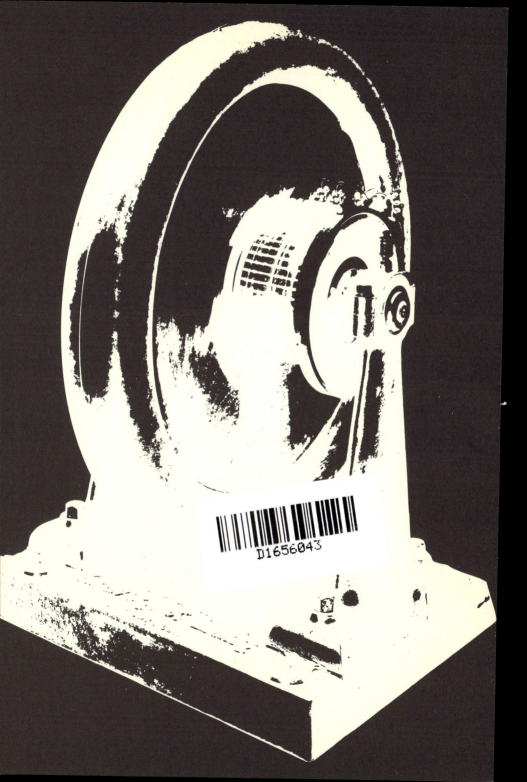

*Die
Akademie
ist der
einzige
hüpfende
Punkt
im Staate*

JAHRESBERICHT DER AKADEMIE FÜR SPRACHE

O CRISTIAN FURLANUT
PLEN DI VEÇA SALUT.

»... eben darum, eben weil die Akademie noch der einzige hüpfende Punkt, wo noch der geistige *Bildungstrieb* gestaltet, in den neuern Staaten ist, die nur durch *Gewalt* abformen und ausmünzen: so taste die Macht die letztern Staubfäden organischer Bildung nicht mit ihren Scheren, Poussiergriffeln und Lad- und Prägstöcken an. Der Staat lasse doch einmal den innern Menschen sich die lebendigen Gliedmaßen selber zubilden, eh' er ihm später die nötigen Holzbeine, fausses gorges, ventres postiches, barbes postiches und goldenen Hüften anschienet. Warum verliehen unsere sinnvollen Alten den Musensitzen ihre akademische magna charta? – weil sie *Sonnenlehn* des Musen- oder Sonnen-Gottes sind, weil der Erkenntnisbaum nur als Freiheitsbaum wächset, weil die Musen als Göttinnen in einer salpetrière oder Frohnveste und Wachstube sich nicht zum besten befinden. Man hat nämlich unsern ewig-jungen Alten bei den Meß-Freiheiten, die sie seinen Musenbergen und Musentälern gaben, nur politische Rücksichten untergelegt, ohne die höhere anzurechnen, die jeden Jüngling noch beglückt, der auf einer Akademie nicht geboren wurde, sondern erst inskribiert. Die akademische Zeit ist die Zeit der *ersten Liebe* gegen die Wissenschaften; denn wie die andere erste Liebe sogar vor dem gewichtigen realen Geschäftsmanne und Geschäftsweibe mit einem fremden Mai-Schein, mit einem Dichtungs-Frührote auf der schwarzen Moor-Erde umherfließt, und dann plötzlich verfliegt und versiegt, weil der Frühregen einfällt und den Lebenstag dumm-grau anstreicht: so ist die akademische Zeit eine poetisch-wissenschaftliche, welche (wenigstens bei den Schülern) nie mehr wiederkehrt – es ist der kurze Durchgang eines erdigen Wandelsterns durch die Sonne des Sonnengottes – und das nicht einmal bloß, sondern es ist das frische dämmernde Leben vor dem Morgenstern, der, wie dem Herzen, so dem Denken die schöne Aurora verkündigt, die später nichts verkündigt als nur eine Tags-Sonne – Alle Fackeln des Wissens sind der Jugend nur Brautfackeln, die künftiges Leben bloß anzünden, nicht einäschern – Der Glanz verbirgt dem Jüngling die Handels-, Kriegs- und andere Stadt, die sich um seinen Musenberg mauert, und der Lehrstuhl reicht ihm über jede Höhe, sogar den Fürstenstuhl hinauf – und die politischen Sorge- und Weber-Stühle stehen und schnarren weit von ihm in der Heimat...«

Jean Paul: Freiheits-Büchlein

DER PROKURIST
Nummer fünf / Mai 1991

Herausgegeben von Oswald Egger

Redaktionelle Mitarbeit: Hermann Gummerer

Session Wien
Eigentümer und Verleger: Der Prokurist. Verein für Organisation und Austausch von Kunst und Kultur, Argentinierstraße 35/5, Postfach 567, A-1041 Wien

Secession Lana
Südtiroler Eigentümer: Verein der Bücherwürmer, Andreas-Hofer-Str. 7b, Postfach 104, I-39011 Lana
Eingetragen beim Landesgericht Bozen unter der Nr. 1/90 R.St. vom 08.01.1990
Verantwortlich im Sinne des Pressegesetzes: Beatrix Unterhofer

Satz: Bücherwürmer
Druckvorbereitung: Graphic Line OHG, Dantestraße 20/A, I-39100 Bozen
Druck: Fotolitho Lana, Gampenstraße 8, I-39011 Lana
Graphische Gestaltung und Umschlag: Arnold Mario Dall'O
Fotos: Ingrid »Pink« Wetselaar, Beatrix Unterhofer

ISBN 3-901118-05-5

Gedruckt mit Unterstützung folgender Institutionen:
Südtiroler Landesregierung/Kulturabteilung
Bundesministerium für Unterricht und Kunst, Wien
Regionalausschuß Trient/Amt für sprachliche Angelegenheiten

Inhaltsverzeichnis Band 5 **Die Akademie ist der einzige hüpfende Punkt im Staate**

Impressum 6

Jahresbericht 1990

Die Akademie für Sprache 11
Prospektive Session Wien mit
perspektiver Secession Lana 13
Abteilung A: Veranstaltungen 17
Abteilung B: Druckwerke 23
Abteilung C: Europäisches Archiv
     für Poesie 27
Abteilung D: Kulturtage Lana 30
Abteilung E: Exkursionen 37
Abteilung F: N.C. Kaser-Preis 53
Abteilung G: Verwaltung und
     Geschäftsführung 54

Session vom 14. November

Michael Donhauser: Abschied. Akademie. Arkadien 61

Anselm Glück
Peter Waterhouse   Im Lauf der Dinge 65

Oswald Egger: Auszug aus »... Sitz und Stimme
  (sessio et votum ...)« 73

Peter Waterhouse: Bausteine zu einer Poetik des Kontinuums 95

JAHRESBERICHT 1990
der Akademie für Sprache

Die Akademie für Sprache

Die *Akademie für Sprache* mit Session in Wien und Secession in Lana untersucht im Jahreslauf verschiedentlich Dinge, deren Ordnung, Zusammenhang und Vermögen. Akademie zur Förderung und Vertiefung ihres Projekt der Poesie, enzyklopädischer: ein Kreis von Autoren, deren Zentrum überall und dessen Umfang nirgendwo ist. Kein eigentliches Forum, sondern die ambulante Art der Zusammenarbeit von Schriftstellern, Natur- und Kulturwissenschaftlern, Philosophen und Künstlern im Hinblick auf eine fortlaufende, immer gegenwärtige Beschreibung der Welt. Für solchen unendlichen Versuch, die Unendlichkeit des Beschreibbaren, unterschiedlichste Nachahmungen der Welt – von der Wiederholung der Wirklichkeit bis zur Ankündigung ihrer Aufhebung – auch nur annähernd zu approximieren, nahm (»Clinamen«) jenes lange Gedicht *De rerum natura* des römischen Lukrez die Pol-Position ein, also eine doppelte, polare? Zugleich Auslöser zu sein wie kein anderes und wie alles andere, eigenständige Struktur: Die *Session Wien* ist Ausgangspunkt, die *Secession Lana* Wendepunkt und *Der Prokurist* (als Publikation – mit einiger Aufenthaltswahrscheinlichkeit dazwischen) Rückkehrpunkt jeder kuriosen Erfahrung.

Das vergangene Jahr beschrieb – in weiterem Erzählbogen – allmählich die Fortbewegung von der Stadt in naheliegende Umgebungen hin, in Sprachen und weichen Konturen sowie aus nivellierter Performanz in stotterndes Radebrechen, in dunkel verhüllende Sprache der Gauner und hermetischer Dichtung. Moses, Notker Balbulus,

Quirinus Kuhlmann, Johann Georg Hamann. Dieser Rückzug in eine Versenkung, einen Landaufenthalt (»Stelldichein«), eine Idylle (»Lana als Fremdwort«), in die Anekdote (»Gerüchteküche«) ist jahrlang mehrfach laut geworden: Sprache wie Secession ins Hintertreffen. Anerkennt man Akademie als Innung für sich sprechender Tätigkeitsbereiche (»Idiotien«), die allein schon Beziehungslinien ausformen, so ist recht eigentlich einsichtig, daß neuerliche Inkrementierung (»Zuwachs«) des bereits Erreichten angesagt ist, nichts Neues. Etwa geradezu die weitere Beschäftigung mit barockem Barthold Hinrich Brockes – man vergleiche das Projekt der »Wiesenfabrik« des Prokuristen –, welcher aber fortan mit hermetischer Weltverklärung im Zeichen des Lichts (»ubique in nobis«) zu verschwistern ist. Man mag sehen. Der Jahresbericht klinkt, gekoppelt mit Texten, welche aus einberufener Session in der Alten Schmiede in der Nacht vom 14. zum 15. November 1990 verstanden sind – genau 200 Jahre seit anhin Jean Paul die natürliche Magie seiner Palingenesie erfuhr –, um im kleineren, privaten Kreis einmal (»wie genau«) zu wissen, was jetzt anders wird und wo man selber anders wirkt.

Prospektive Session Wien mit perspektiver Secession Lana

Der Prokurist. Verein für Organisation und Austausch von Kunst und Kultur ist im Jahre 1989 in Wien gegründet worden. Ein Stammtisch von Schriftstellern, Künstlern und Kulturwissenschaftlern konnte kraft Organisation und Koordination von Literatur, Wissenschaft und Kunst im engeren kulturellen Wechsel mit Lana (der Verein ist aus der Tätigkeit und einigen Vorstandsmitgliedern des *Vereins der Bücherwürmer Lana* hervorgegangen) – aber auch mit weitem Europa überhaupt – eine eigene Informationsstruktur samt Redaktionskonzept aufbauen, gruppieren und weitertragen. Von Lana aus gesehen machte die real existierende und wachsende Vernetzung mit anderen Veranstaltungsorten und Ideenbereichen ein eigenlebiges Büro in Wien notwendig und ermöglichte im gleichen Zuge (»transalpin«) die Zeitschrift *Der Prokurist* mit doppelter Buchführung (»Und Tuchfühlung?«). Ein Scharniergelenk dieser Zwillingsbindung war 1989 die Rückführung des Kravoglschen Kraftrades aus dem Technischen Museum Wien ins Geburtshaus des Erfinders nach Lana.

Seit April 1990 hat sich der Verein in zuzüglich strukturierten Räumlichkeiten eingemietet, um von dort aus seine kulturelle Tätigkeit (»ungleich«) intensiver aufzunehmen. Die Veranstaltungen der *Secession Lana* erbieten damit ihr entsprechendes, gleichsam größeren Aktionsradius ermöglichendes, betriebliches Pendant. Die kontinuierliche, propädeutische Vor- und unterstützend redaktionelle Nachbereitung in der Session Wien stillen gleichsam mehrere Verlangen nach erbittlich geltender, ebenso ersichtlich wie repräsentativ einräumender Vermittlungsstruktur, stellvertretend zwischen Wien und Südtirol (»wer so will«). Beide zentrieren Sammel- und Verteilungsträger – Archiv und Vertrieb, springender Doppelpunkt – von aktuellen literarischen und offenbaren Beziehungslinien. Damit sind im Modell endlich jene Voraussetzungen zur Organisation von Selbstorganisation gedoppelt, aus denen heraus die procura selbstgewiß hervorragt und – déjà-vu anscheinend – punktet: Es entstand nachgerade das gemeinsame, in Wien und Lana erscheinende Publikationsprojekt *edition per procura* (Abteilung B) und die alljährlich stattfindenden Kulturtage Lana werden ebenfalls von hier aus konzipiert und bereitet. Von nun an können Lesungen, Veranstaltungsreihen, Symposien und Ausstellungen in Lana sowie Exkursionen und eigene oder nachbarschaftlich berührende Publikationen in einem konzeptionell weiterreichend eingebundenen Zusammenhang koordiniert und operativ, geographisch übergreifend, gewertet werden.

Die dazu erforderlichen Vorarbeiten sind inzwischen soweit abgeschlossen, um die Räumlichkeiten einer literarischen Öffentlichkeit zugänglich und keinen Staat zu machen. Die *Session Wien* jener ideellen Akademie umfaßt in Ergänzung (»ein Herz und eine Seele«) zur erprobten Einrichtung ihres Voraussetzungssystems in Lana: erstens ein funktionales Büro mit entsprechender Geschäftsführung, das die erforderliche redaktionelle Mitarbeit in bezug auf jedwede Produktion in Lana erleichtert; zum andern

einen Veranstaltungsraum mit kleinem Schanktisch, wo
Werkstattgespräche und Sessionen mit (»Sitz im Leben«)
Lesungen, Vorträgen und Ausstellungen organisiert bzw.
ermöglicht werden sollen; darüberhinaus eine Sammelstelle
des *Europäischen Archivs für Poesie*, welches in Lana in
Aufbau ist sowie eine Einlauf- und Vertriebstelle von Informationen, Ideen und Interessen.

Auch im Jahre 1991 werden Bücherwürmer und Prokuristen als betriebsame Verbindung ihre Tätigkeit im Gefüge
verschiedener Veranstaltungsformen, Beziehungslinien
und Arbeitsbereiche fortsetzen. Nach erfolgter Verfestigung der infrastrukturellen Voraussetzungen und wechselseitiger Koordination von Sitz und Stimme, zeichnet
nunmehr kräftigeres Kolorit sichtbar Konturen, zeiht
Parcours, Projekt und Produktion nach Jahr und rotem
Faden, und noch und noch ergeben einander Ereignisse
laufender Dinge, Zeit des Wartens. Der Kreis von Aktivitäten mag sich (»Runde«), und mit beruhigterer Gelassenheit sehen der *Verein der Bücherwürmer* und dessen
Prokuristen auf alle eingelösten Ankündigungen zurück,
sehen zu, daß im gegenwärtigen Jahr das erreichte Tableau gefestigt und wohl zum Teil auch erweitert werden
kann. Rückblickend auf einen vervielfachten Realumsatz,
welcher jene qualitative Schwelle überschreiten half und
ein neuartiges, komplexes Geflecht literarischer Öffentlichkeit entstehen ließ, lokal bis kontinental, wissen mehr
und mehr zu schätzen, worauf Tätigkeit jederzeit rückführbar erbaut werden will. Wohl trägt der Fortlauf der
Geschehnisse einigen Keim zwar nicht zur Sorge, aber
doch zu besonnener Aufmerksamkeit, und die nachdrückliche Bereitschaft zu breitflächig versponnener Aktivität

ist dauernd. Einigen war die Akademie noch nie plausibel und, täuscht nicht alles, so rochieren jetzt Demarkationslinien. Schade, soviel Ungestüm. Procura erscheint republik, siebenmal im Jahre 1990 allein: das PR-Projekt mag nur die Stillen vom Land kongregieren, um, aber in ungleich weiterreichter Nachbarschaft wirken, eine Art Exportartikel geistigen Binnenmarktes wiederherzustellen und sich nicht irgendeinem Vergleich kraft ökonomischer Verkaufskraft messen, welcher zudem noch anzuzetteln wäre. Nur die Ruhe. Zum anderen, aber das fällt schon leichter, ist gewiß das Niveau der Veranstaltungen (Abteilung A) - samt dem Ausbau des Europäischen Archivs für Poesie (Abteilung C) - zu halten (aber in Bewegung), zu welchem bereits namhafte Schriftsteller ihre Zuträgerschaft beginnen. Als Akademie für Sprache (Abteilung D) wird die traditionelle Exkursion (Abteilung E) dann nach (und nah) dem Osten - in die Autonome Tschuwaschische Sowjetrepublik - unterwegs sein, soviele mögliche Welten in wievielen ermöglichten Tagungen (»Session aus Secession«). Selbstredend, aber nicht angekündigt, werden einzelne Autoren, Projekte oder Bücher vorgestellt. Dazu kommen Ausstellungen, die den Bereich des Literarischen berühren, etwa die erstmalig vollständige Präsentation der Gemälde Pier Paolo Pasolinis, welche vom Assessorat für Kultur der Provinz Pordenone zur Verfügung gestellt werden. Aus solchem Ungefähr heraus erfolgt, genüglich und wiederholt verjüngt, unablässige Dislokation. Vorausgesetzt, die Dinge laufen.

Abteilung A: Veranstaltungen

Die Veranstaltungen in Lana bewegen einander entlang gekrümmten, umwegigen Kurven und in weitschweifendem Bogen pragmatisch durch Europa. Berührungspunkte bündeln sich als Oval (»Ei vom Eigentlich«), in dessen einem Brennpunkt immer Lana brütet, im anderen (»gegenwärtig«) Wien. Manche Autoren tauchen auf (»wie Sternschnuppen«) und lassen einen Kometenschwanz von Fragen zurück, in deren Licht einer kleinen, flüchtigen Aufklärungen entgegenblinzeln kann. Etwas bleibt zurück, stillste und verhaltene Form unruhig flundernden Unruhe, und läßt keine Sache rund, in der man noch Platz hielt.
Im Vorjahr waren es möglicherweise drei Einzelveranstaltungen, die eine entsprechend einräumende Bewegung im Denken gestatteten: Das Programm »wir sind ein lebendes beispiel« von Anselm Glück im Frühjahr, die Lesung mit fünf ungarischen Autoren und eine mehrgliedrige Veranstaltung rund um und mit Friederike Mayröcker unter dem Titel: »Skizzen einer Annäherung« im Herbst.
Mit der Lesung des Wiener Künstlers und Schriftstellers Anselm Glück erschien eine Literatur in Lana, die zunehmend an Interesse gewinnen sollte: »Erzählung« – oder was das Ohr des Autors, durch und durchdringend, spricht – entsteht bei Anselm Glück in den Außenbezirken von Wien; dort lauscht er jener Sprache der Gauner und Kleinkriminellen, die seit Jahrhunderten geheimnisvolle und verbotene Dimensionen von Dichtung bestimmen und, von deren Rändern her, in die Rede drängen oder ins Zen-

trum geraten, und dort zu Wort kommen. Diese Gaunersprache in der naheliegenden Umgebung von Großstädten, zumal Wien, hat wiederholt bei den Linguisten (eine Art Sprachpolizei) Aufmerksamkeit erregt; – und bei den Dichtern ausgesprochen nachahmendes Wohlgefallen erzeugt. Merkmale von Gaunersprachen wurden bereits in kriminologischen Lehrbüchern des 19. Jahrhunderts beschrieben und können in die latente Poetik der performativ inszenierten Texte von Anselm Glück übertragen werden: Die Sprache der Gauner (aber auch des Poeten) sei erkennbar durch *schrankenlos eigenmächtige Wahl und Bildung der Wörter, mißförmigste Verunstaltung und Mißhandlung des sprachlichen Lautes, grammatische Beliebung, und nicht mit dem Munde allein, sondern dazu noch mit Miene, Auge, Athem, Stellung, Haltung, Bewegung, Hand und Fuß zu sprechen.*

Die ungarische Lesung aus Anlaß der Verleihung des zweiten N.C. Kaser-Preises an László Garaczi erschloß, gemäß der Konzeption des Preises (Abteilung F) und der jeweilig verbundenen Nummer des Prokuristen, weiträumige Umgebung Ungarn.

Die Veranstaltung mit Friederike Mayröcker umfaßte ein Panorama aus Skizzen und Blättern von Markus Vallazza (Bozen); – sein evoziert-bildliches Aneignungsverfahren von Texten. Einzelne graphisch gelesene Sätze waren in den eigenen Assoziationsraum des Künstlers rückübersetzt. Das Ausstellungsprojekt aus Anlaß und poetologischer Relevanz knüpfte sich damit in die Tätigkeit der Secession Lana, per procura, Umgebungen des Sprachlichen zu erproben. Otto Breicha vom Rupertinum Salzburg sprach einleitend zu den Werken von Markus Vallazza und Friederike Mayröcker. Als filmische Auseinandersetzung und Portrait der Wiener Autorin wurde die ORF-Produktion »1 Häufchen Blume 1 Häufchen Schuh« von Carmen Tartarotti (Meran) vorgeführt.

15.01. Kulturhaus Lana
»Das Moskauer Bett«. Ein Spiel aus Texten von Tschechow, Shakespeare u.a. von und mit Werner Hennrich (Berlin) und Ulrich Zieger (Berlin)

06.02. Burg Graz
Laudatio von Oswald Egger zur Verleihung des Manuskripte-Preises an Peter Waterhouse in Graz

31.03. Session Wien
Präsentation der edition per procura: Landschaft als Hintergrund von und mit Sigrid Hauser und eines Buchobjekts von und mit Beat Frank und Peter Waterhouse

06.04. Kulturhaus Lana
Buchvorstellung und Lesung mit Georg Paulmichl (Prad)

30.04. Kulturhaus Lana
»wir sind ein lebendes beispiel«. Lesung mit Anselm Glück (Wien)

01.06. Secession Lana
»10 Jahre Literatur in Lana«: Eröffnung des neuen Veranstaltungsraumes (Secession Lana) mit Büro, samt angeschlossenem *Europäischen Archiv für Poesie* in Anwesen-

heit u.a. von Kulturlandesrat Dr. Bruno Hosp. Gleichzeitig Vergabe des N.C. Kaser-Preises 1990 an den ungarischen Schriftsteller László Garaczi (Budapest), Laudatio Andrea Seidler (Wien), Festvortrag Prof. Dr. Wendelin Schmidt-Dengler (Wien). Anschließend Präsentation von »Der Prokurist« Nr. 2 im Rahmen einer Lesung des Preisträgers und ungarischer Autoren aus dessen literarischem Umfeld: Rita Abody, Endre Kukorelly, Gábor Nemeth und Ferenc Szíjj.

02.06. Secession Lana
Informelle Produktionsschau der Wiesenfabrik zwei. Lesung mit Michael Donhauser, Oswald Egger und Peter Waterhouse

27.06. Secession Lana
Lesung mit Ludwig Harig (Sulzbach)

30.07. Secession Lana
Lesung mit den Berliner Autoren Sascha Anderson, Stefan Döring und dem N.C. Kaser-Preisträger 1988: Bert Papenfuß-Gorek

24.08. Secession Lana
Buchvorstellung: »Zweierlei Faschismus« Alltagserfahrungen in Südtirol 1918-1945 mit der Autorin Martha Verdorfer (Lana)

31.08.-09.09. Secession Lana, Filmclub Bozen und Kulturhaus Lana
Kulturtage Lana 1990: Im Lauf der Dinge. Tagung der Akademie für Sprache mit Gennadij Ajgi (Moskau), Klaus

Bartels (Hamburg), Karl Alfred Blüher (Kiel), Peter Cersowsky (Würzburg), Michael Donhauser (Wien), Maria Fehringer (Wien), Helga Finter (Straßburg), Roland Fischer (Mallorca), Anselm Glück (Wien), Hans G. Helms (New York / Köln), Joshua Horowitz (Graz / USA), Danièle Huillet (Paris / Rom), Felix Philipp Ingold (Zürich), Thomas Kling (Köln), Curt Meyer-Clason (München), Nico Naldini (Treviso), Gert Neumann (Berlin), Oskar Pastior (Berlin), Wolfert von Rahden (Berlin), Ilma Rakusa (Zürich), D. E. Sattler (Bremen), Elmar Schenkel (Freiburg), Wilhelm Schmidt-Biggemann (Berlin), Jean-Marie Straub (Paris / Rom), Paul Wühr (Passignano), Franz Wurm (Zürich) und der Spielgruppe Klesmer (Graz / Wien)

01.10. Secession Lana
Buchvorstellung/Südtiroler Neuerscheinungen: »Leuchtzeichen. Gedichte« mit dem Autor Joseph Torggler (Meran)

28.10. Secession Lana und Kulturhaus Lana
Friederike Mayröcker. Skizzen einer Annäherung. Ausstellung von Graphiken Markus Vallazzas (Bozen), mit einer Einleitung von Otto Breicha (Salzburg); Lesung mit Friederike Mayröcker (Wien), anschließend Präsentation des Films »1 Häufchen Blume, 1 Häufchen Schuh« von und mit Carmen Tartarotti (Meran)

09.11. Secession Lana
»Eine Art Glück«. Buchvorstellung und Lesung mit Alois Hotschnig (Innsbruck)

14.11. Alte Schmiede Wien
Selbstanzeige der Akademie für Sprache durch einige ihrer Mitsprecher: Michael Donhauser, Oswald Egger, Anselm Glück, Gerhard Grössing und Peter Waterhouse.

12.12. Hotel Greif Bozen
Pressekonferenz, in Anwesenheit von Landesrat Dr. Bruno Hosp und Stadträtin Dr. Ingeborg Bauer-Polo (Bozen): Buchpräsentation durch Paul Valtiner und die Herausgeber: Walther. Dichter und Denkmal. edition per procura

14.12. Secession Lana
Buchvorstellung, Elmar Locher (St. Pauls / Trient): »Curiositas« und »Memoria« im deutschen Barock (Prokurist Nr. 4) mit einem Vortrag des Autors.

Abteilung B: Druckwerke

Seit 1990 erscheint die Zeitschrift *Der Prokurist* in Wien und Lana mit mindestens drei Literaturnummern und einer nicht festgelegten Anzahl von Supplementbänden (edition per procura) pro Jahr. Südtiroler Eigentümer des mehrstelligen Publikationsprojekts ist der Verein der Bücherwürmer Lana, Herausgeber Oswald Egger. In Wien trägt die Publikationen als Zweitstelle der gleichnamige Inhaber – Der Prokurist. Verein für Organisation und Austausch von Kunst und Kultur – unter integrierend redaktioneller Mitarbeit bislang vor allem von Peter Waterhouse. Zuträger und Kommanditär Felix Philipp Ingold haftet in korrespondierender Teilhabe aus Zürich am PR-Projekt, Hermann Gummerer hält in der Secession Lana kulturwissenschaftliche Leitlinien inne – mit ermessendem Beirat – sowie jedwede Endredaktion in Zusammenarbeit mit Robert Huez und Arnold Mario Dall'O durch. Damit erfüllt sich das Desiderat einer unmittelbar anwendbaren, funktionalen, zugleich publizistisch präsenten Vermittlungsstruktur zwischen Wien und Lana: Zum einen, was die organisatorischen Voraussetzungen der kulturellen Übertragung betrifft – im Hinblick auf seine ebenenweite Vernetzung – zum anderen, was einen entsprechend distribuierten medialen Träger bereitet, der Zentrum und Peripherie faktisch ineins setzt. Die Veranstaltungen des Vereins der Bücherwürmer einerseits und die entsprechenden Tätigkeiten des Wiener Büros – vorgestellt repräsentiert als *Akademie für Sprache*

(Abteilung D) finden so endlich ihr geeignetes mediales Pendant. Im Tätigkeitsjahr 1990 sind folgende Publikationen erschienen:

Jänner 90
Sondernummer: Sigrid Hauser: Landschaft als Hintergrund
Mobile Halle – Steirischer Herbst 90. Oder flexible Halle – Wiener Festwochen. Oder ambulante Halle – Kulturtage Lana. Oder konjunktive Halle – EXPO 95 ... Leporello (vergriffen)

April 90
Nr. 1,1/1,2: Was Sprache ist:/Was Sprache ist?
Was Sprache ist, springender Doppelpunkt zwischen Wien und Lana, versammelt zur großen Teil die lokale Begegnung und weiterreichenden Beziehungslinien der Kulturtage Lana 1989 *Beweger, unbewegt,* deren implizite Voraussetzung die Ankündigung einer Akademie für Sprache gewesen war. Die Bände enthalten Beiträge von Gennadij Ajgi, Friedmar Apel, Barthold Hinrich Brockes, Inger Christensen, Elfriede Czurda, Michael Donhauser, Oswald Egger, László Garaczi, Anselm Glück, Gerhard Grössing, Michael Hamburger, Felix Philipp Ingold, Peppino Marotto, Wolfgang Proß, Jacques Roubaud, Pietro Sassu, Jürgen Trabant, Giuseppe Ungaretti, Peter Waterhouse, Wolfgang Wildgen und Ror Wolf.
2 Bde., 408 S., Abb., kt., ISBN 3-901118-01-2

Juni 90
Nr. 2: **Umgebung Ungarn**
Erschienen anläßlich der Verleihung des N.C. Kaser-Preises 1990 an László Garaczi, applaudiert dem Preisträger und seiner literarischen Umgebung. Die zweisprachige Nummer wurde zusammengestellt, übersetzt und mit einem Nachwort versehen von Andrea Seidler, enthält Beiträge von László Garaczi, Gábor Nemeth, Endre Kukorelly, Ferenc Szíjj und ein Adligat von Oswald Egger.
112 S., Abb., kt., ISBN 3-901118-02-0

Juni 90
10 Jahre Literatur in Lana (Beigabe zu Nr. 2)
Erschien anläßlich des 10jährigen Bestehens des Vereins der Bücherwürmer und der Eröffnung der Secession Lana.

August 90
Nr. 3: **Im Lauf der Dinge (Wiesenfabrik II)**
Die Nummer erscheint wie's blühende Leben auf der Rückseite von Tapeten, und mit den Kulturtagen Lana 1990 verschwistert, aber jeder Umschlag ist apartes Unikat, Produkt der Wiesenfabrik. Sie enthält Beiträge von Michael Donhauser, Oswald Egger, Ludwig Paulmichl, Francis Ponge und Peter Waterhouse.
88 S., Abb., kt., ISBN 3-901118-03-9

Oktober 90
Nr. 4: **Elmar Locher: »Curiositas« und »Memoria« im deutschen Barock**

Fünf Beiträge, zur Abbildung der sensorischen Daten der äußeren Sinnesorgane auf die inneren – vornehmlich der Einbildungskraft, die zeigen, wie sich in verschiedenen Textgenera des 17. Jahrhunderts »Neubegier«, »Kurtzweil« und Memorierungssysteme aus alten Zusammenhängen lösen und neu definieren.
224 S., Abb., kt., ISBN 3-901118-04-7

Dezember 90
Walther. Dichter und Denkmal, hrsg. v. Oswald Egger und Hermann Gummerer. edition per procura.
Das illuminiertere Mittelalter des Bildungsbürgertums der südlichsten deutschen Stadt im Strahlenkranz idealen Sinns, praktischen Verständnisses und mitteleuropäischer Feierlichkeit – literatur- und sozialgeschichtlich, kunsthistorisch, volkskundlich, allgemein: Schon als Denkmal hat ein Dichter Sprache. Mit Beiträgen von Leo Andergassen, Oswald Egger, Hermann Gummerer, Günter Häntzschel, Hans Heiss, Reinhard Johler, Rainer Noltenius und Rolf Selbmann sowie Dokumenten und einer Bibliographie zur Wirkungsgeschichte des Bozner Waltherdenkmals.
160 S., zahlr., teilw. farbige Abb. u. Faks., Leinen geb., ISBN 3-901118-00-4

Abteilung C: Europäisches Archiv für Poesie

Aufgrund seiner beschleunigten Tätigkeit hat das Organisations- und Editionsprojekt per procura Kontakte und Verbindungen zu europäischen Veranstaltungsorten, Schriftstellerverbänden und Autoren geknüpft, bewahrt und verfestigt. Diese Erfahrung hat zur Einrichtung eines Literatur-Netzwerk geführt (unterstützt von Telefax und Datenfernübertragung): Ein Organisationszentrum jeweils in Lana und Wien, vernetzt mit Autorenverbänden und lokalen Literaturverlagen und -zeitschriften eines möglichst umfassenden Raumes, der einen raschen Informationsfluß über Veranstaltungen, Neuerscheinungen, Trends etc. ermöglicht. Seit Juni 1990 ist in Lana das Projekt als *Europäisches Archiv für Poesie* im betriebsamen Aufbau. Infrastrukturelle Voraussetzungen (technischer und mobiliarer Art) sollen im Jahre 1991 weiterhin geschaffen werden; so z.B. ein anwenderfreundliches Archivar-System, das schnellen Zugriff und pragmatische Verwendung sichert. Ebenso erfordert das 1989 konzipierte Projekt – für den Thesaurus einer poetischen Enzyklopädie – den Ankauf von antiquarischen Büchern, wie deren Erwerb und Bearbeitung teilhat an den Schwärmereien der *Akademie für Sprache* mit ihrer Vorliebe für schwache, nachbarschaftliche Denkmodelle, entlegene Dokumente und unausgeschöpfte Quellenlagen. Selbstredend ist die Teilnahme an ausgewählten Auktionen. Die vorwitzig-wissenschaftliche Arbeit per procura als *incipit* eigener *scienza nova* deutet mithin auf eigentümlich neues Management: als Organisation von Voraussetzungen zur Selbstorganisation ein (»in eigener Sache«) parallelarbeitendes Netzwerk, nachbarschaftliche Konnexion und Einsicht in Ergebnisse anderer ermöglichend – statt hemdsärmeliger Hierarchie – aufgrund breitester Bereitstellung von (»immens«) erfaßtem Material – und statt blanker Konkurrenz (»endlich einmal«) Fundneid keineswegs um ersterkannte Quellen. Das noch in Ausbau befindliche Projekt umfaßt:

Eine Informationsstruktur via Datenverarbeitungssystem, die hilft, Lesungen und literarische Veranstaltungsreihen in einem konzeptionell größer eingebundenen Zusammenhang zu organisieren und zu koordinieren; damit soll – unabhängig vom marktorientierten Literatur-Management – eine übergreifende, aber lokal operierende Literatur-Förderung entstehen. Erzielt werden soll eine größere ermöglichte Mobilität zwischen den einzelnen Zentren, die beweglichere Voraussetzungen für den Umgang mit »Sprache« einschließt.

Eine Bibliothek, deren Bestände sich zusammensetzen aus schwer zugänglichen, literarisch preziösen Büchern von Kleinverlagen v.a. des deutsch-romanischen Sprachraums. Bevorzugt werden Autoren mit regionalem bzw. lokalem Aktionsradius und für jede Lyrik-Diskussion poetologisch relevante Raritäten (antiquarisch) aus europäischer Geistesgeschichte bzw. beiderlei Romania (lateinischer sowie byzantinischer Provenienz und Fortdauer).

Ein fortlaufendes Archiv der gedruckten und ungedruckten Manuskripte und des beschleunigenden Briefwechsels mit der großen, ständig wachsenden Zahl von Autoren,

die mit der *Akademie für Sprache* (Abteilung D) in Verbindung stehen sowie von Schriften und oraler Poesie kleiner kultureller Räume und Gruppen (Kroaten, Sarden, deutschsprachige Russen, Katalanen, Italo-Albaner etc.), das nicht archiviert verstauben soll, sondern irgendwie verarbeitet – und produktiv verwertet – Anknüpfungspunkte bieten kann; vielleicht für die Grundzüge einer (»kontinentalen oder kleinen«) poetischen Geographie?
Bislang verfügt das Archiv über zahlreiche Manuskripte jener Autoren, die in Lana zu Gast waren bzw. fernwirkend an den Druckwerken per procura teilhaben, darüberhinaus unkatalogisiert verqueren Briefwechsel und rund 200 Stunden Original-Tonträger von Lesungen.
Im Jahre 1990 sind über 600 Bücher angekauft worden, Bilder Südtiroler und Wiener Künstler stehen der Secession Lana in Dauerleihgabe zur Verfügung.
Als Teil der Programmatik per procura ist mit monographischen Publikationen – *Das Kraftrad des Johann Kravogl* (1989) und *Walther, Dichter und Denkmal* (1990) – eine Organisationsform zur Selbstorganisation (von Wissen und geschärfter Wahrnehmung) erprobt, die Grundlage und mögliche Anknüpfungspunkte für künftige universitäre oder private Auswertung an einem Ort, leicht zugänglich gemacht, versammelt. Das Archiv zielt in annähernd linearer Optimierung darauf hin, wichtige Quellen und Dokumente, primäre (Plakate, Programmatik, Briefe) und sekundäre Rezeptionszeugnisse (Zeitungsberichte, im Nahbereich der Akademie entstehende Texte und Vorhaben, Bücher) zu approximieren und einer – vielleicht beginnenden, vielleicht fortlaufenden – Beschäftigung zugänglich zu halten.

Abteilung D: Kulturtage Lana

Die Kulturtage Lana, jeweils nur Momentaufnahme vieler, bald ineinanderlaufender, bald sich fortwährend verzweigender, Neues erzeugender oder Bewährtes verfestigender, eben sich entfaltender Tätigkeiten und Interessen, ein Tableau aus Beziehungslinien und Nachbarschaften, in ständiger Verwandlung begriffen; wieder entstehen neue, fallen alte ab. Jederzeit aufgreifbar, immer und überall: ein eigenheitlich nach- und vorbereitendes, öffentliches Laboratorium für dessen analog Variable, die Publikationen per procura. Die Veranstaltungsreihe erscheint – oft wie unvermutet, doch immerhin entschlossen, und nie von langer Hand geplant. Es gibt eben so keine Keplerschen Gesetze für organisatorische Optimierung, allein einzelne, lokale, auch privatere Blickwinkel rücken in den Gesichtspunkt wie zum Beispiel jeder Aspekt, morphologisch betrachtet, das Aussehen einer Pflanzengesellschaft (»Wiesenfabrik«) in einer bestimmten Jahreszeit, Wunder wiederholter Wiederholung, aufspürt, erfährt, errät. Sagen wir, um nicht zweimal im selben Fluß zu baden, Lana (»Spur der Steine«), Wort für Ort.

Jede Session votiert dann, festgehalten, zu einem Tagungsthema – »Kunst Literatur Musik« (1986), »Zur Sprache bringen« (1987), »Laufschrift Laufschritt Lautschrift« (1988), »Beweger, unbewegt« (1989), »Im Lauf der Dinge« (1990), »Die Erzählung der Erde« (1991) – eine Reihe von Vorträgen, Lesungen, Statements, Diskussionen, Exkursionen und Publikationen. Die Teilnehmer – ein umfassenderes Forum von Autoren, Wissenschaftlern und Künstlern – werden aus mehreren Ländern eingeladen. Der Zweckverband trägt den idellen, alles- und nichtsverratenden Eigennamen *Akademie für Sprache* und bezeichnet darüberhinaus lediglich die verbindend winkende Wahlverwandschaft zu Autoren und Innungen aller jener Länder, mit denen Organisation und Austausch von Kunst und Kultur stattfinden, wie nebenbei die Kontinuität des Akademiegedankens erneuernd und festigend. Ein begleitender Katalog enthält traditionell Texte und Essays sowie Bildmaterial, welche in eigener Lesart Konzeption und Intention der aktualen Veranstaltungsreihe vorstellen, ausbreiten, auch vertiefen können. Vorderhand poetologisches Rohmaterial, welches nach und nach Nummern des Prokuristen schöpft: als größere Anreger für Diskussion und Bestürzung.

Anderseits sei, Gipfel des Anspruchs, – gleich wie erwartet (»ach«) Europa ohnehin schon Reizwort, keinem Zauberwort getroffen, erschlossenes Dingsda, denkt ein Prokurist. Aber die Evidenz skizzierter Kulturtage zeigt durchaus bekömmliche Verbindlichkeit, was Umfang und Volumen des (regelmäßig platonisch konturierten) Tagungskörpers betrifft. Gar nicht schwerfällige Wiederkehr im Wunderbaren, treibt (»gegenwärtig«) Imaginäres auf verwahrte Gesichtskraft (»Phantasie«), und alles wird erst – inchoativ bestimmter – im Verlauf jeder Secession verbindlich ... wie viele, bald ineins mündende, bald einander fort und fort verdoppelnde, Neues verfestigende oder Allmähliches erreichende, stetig sich verflechtende Trajektorien und Traditionen rundend, ein Tableau aus Sprachen und Ebenen, in ständiger Durchdringung, und begriffen. Mit andern Worten: Wenn die Akademie auch eine Gerüchteküche ist, ist eben so ihr Stelldichein ein Hintertreffen. Und einmal begonnene Möglichkeit zagt nach neuer.

Im Lauf der Dinge 1990

Kein Dichter ist sich selbst der Nächste, und nachbarschaftlich steht er zu anderem in bezug. Wo immer er in dessen Spur tritt, auch in Gedanken, wird ein Ort der Literatur. Als »Organisation von Voraussetzungen zur Selbstorganisation« versammelten sich wieder Teilnehmer aus verschiedenen Bereichen, literarische Übersetzer, Komponisten und Regisseure und brachten einander zum Motto »Im Lauf der Dinge« in Verbindung. Es erschien als weitere Nummer des PR-Projekts-Prokura die »Wiesenfabrik zwei«.

Die enggeführten Beziehungslinien erschienen als Hölderlinie, wurden als Tonspur verlautbar und in Vorträgen offenbar. *Im Lauf der Dinge* spurte nachbarschaftlich-elliptisch Beiträge in der Bewegung um die beiden Brennpunkte: Ordnung und Zusammenhang der Dinge, ihrer voraussetzenden Bedingungen und tragbaren Bedeutung. Dabei wurden unter anderem die Themenbereiche »Theater« durch Helga Finter (Straßburg), »Übersetzung« von Curt Meyer-Clason (München), »Gedächtnis und Erinnerung« von Wilhelm Schmidt-Biggemann (Berlin) und Roland Fischer (Mallorca) berührt. Annähernd erschienen Lesungen - in epizyklischer Runde zum Ablauf der Veranstaltung -, die am Schauplatz der Secession Lana observieren halfen sowie weiterreichende Umgebungen des Literarischen. Die Hölderline zeichneten der Herausgeber der Frankfurter Werkausgabe D. E. Sattler (Bremen) und die beiden Koryphäen des Sprachfilms: Jean-Marie Straub und Danièle Huillet (Rom / Paris) nach. Der Zyklus bestand aus den Filmen »Der Tod des Empedokles«, »Schwarze Sünde« und »Cèzanne« sowie dem Hörspiel »Empedokles auf dem Ätna«, welche Hölderlins Empedokles-Fassungen tatsächlich wörtlich: zur Sprache bringen, und wurden vom iterierenden Vortrag D. E. Sattlers (»ich kehre zurück«) in sich gebogen. Beide Werkstattgespräche führten die Veranstaltung vom nivellierten Sprechdickicht der Großstadt heraus, in die unterschiedlichen Sprachen der Ebene, der Provinzen und industriellen Landschaften. Damit wären auch jene Muster des Widerstands hintergangen, welche die Ordnung der Dinge bereithält, um ihren Zusammenhang zu halten.

Vor allem die Autoren vermochten springende Punkte (»Diskontinuität«) in den wissenschaftlich-linearen »Lauf der Dinge« zu bohren, auch Fragen und Sprachen: Oskar Pastior (Berlin) und Paul Wühr (Passignano) trugen ungewohnte Sprache auf, und der tschuwaschische, russisch schreibende Dichter Gennadij Ajgi (Moskau) prägte die Tagung nicht nur mit eigentümlichster Selbstdurchringung von Volkspoesie und herzlicher Avantgarde, sondern auch durch seine Initiative, die Kunst und Literatur der tschuwaschischen Moderne multiplikatorisch zu verbreiten. Expressive, ineinandergreifende Lesungen des »Sprachinstallatörs« Thomas Kling (Köln) und von Ilma Rakusa (Zürich) einerseits sowie des nachdrücklichen DDR-Autors Gert Neumann (Berlin) anderseits fanden Momente der Berührung, welche den Ablauf der Ereignisse unterwanderbar zeigten. Solche Augenblicke räumen ein, geschlossene Systeme (»Sprachen, Staaten, Programme«) insgeheim aufzubrechen und offen selbstzuerhalten. Eine Tonspur verband den akkuraten Auftritt des Komponisten und Schriftstellers Hans G. Helms (New York / Köln) - er stellte seine mehrsprachig durchwirkten Intonationen vor - mit einem Einblick in den Wirkungsraum kleinster poetischer Sprachen durch das Konzert der jiddischen Spielgruppe Klesmer (Wien / Graz): Unter dem Titel »Voraussetzungen« hat Theodor W. Adorno in den »Noten zur Literatur« einen Essay zu dem Werk von Hans G. Helms aus Anlaß einer Lesung von dessen FA: M'AHNIESGWOW veröffentlicht. Dieses weithin vergessene, hermetische Buch erschien 1959: Es besteht aus zwei Faszikeln, einem Synchronisationsplan für 8 Stimmen und einer Schallplatte. Die Aufnahme läßt hören, wie zwei Stimmen den Text teils simultan lesen und sich darin clusterartig überschneiden. Der Text entlehnt Vokabeln aus dem Englischen, Deutschen, Jiddischen und anderen Sprachen und bildet das Sprachmaterial völlig neu (»glossolalischer Galimathias«).

Die Veranstaltung zur Musik der osteuropäischen Juden samt Einleitung zur jiddischen Sprache und Kultur reihte sich schon in verlaufende Dinge, weil von hier aus - mit Interferenzen zu einer weiteren Chrestomathie von Gaunersprachen (Rotwelsch, Wiesen- und Kundensprache) - die geschäftige, poetisch relevante Eingrenzung verschwindender Sprechinseln künftig akademisch ihren Ausgang nehmen wird.

Der amerikanische Komponist Joshua Horowitz (Graz) war beauftragt, die Veranstaltungsreihe mit eigener Tonspur zu begleiten. Es kamen kurze Kompositionen zur

Aufführung, die sich jeweils an die aktuale Thematik annäherten (Hopkins, Celan, Wittgenstein).
Einsichtige Panoramen bildeten die Ausstellungen »von der mechanik der empfindungen« Anselm Glücks (Wien) sowie von Graphiken des tschuwaschischen Malers Anatolij Mittow (1932-1971) und textiler Objekte tschuwaschischen Kunsthandwerks vom 17. bis 19. Jhd., welche erstmals aus dem Staatlichen Tschuwaschischen Kunstmuseum Tscheboksary (UdSSR) sowie aus Gennadij Ajgis Privatsammlung ins Ausland entliehen werden konnten.
In solchem Rahmen würdigte der Autor anläßlich einer Filmvorführung den Begründer der modernen tschuwaschischen Kultur, Konstantin Iwanow (1890-1915), als Lyriker, Dramatiker, Ethnograph, Folklorist, Plastiker, Architekt sowie als Bibelübersetzer, Konstrukteur einer Schreibmaschine aus Holzteilen und aufgrund der Verschriftlichung des tschuwaschischen Nationalepos.
Anselm Glück hat zwei Bilder als Projekt im Progreß für eine unsachgemäße Präsentation in der Secession Lana fertiggestellt: Gleichzeitig dokumentierten Fotografien die Arbeit am (»Mythos«) Bild, sodaß die diffizile Konstruktion im Blickfeld der Eigenwirklichkeit des Nur-Bildlichen erschien, und jede (»Mechanik der Empfindungen«) einsichtiger: Ausgangspunkt des einen Bildes war (»das Wort«) Lana, des anderen (»der Ort«) Wien. Mit anderen Worten: Wer so (»Farbe«) aufträgt, ist ein lebendes Beispiel im großen Zusammenhang, ist im Bild. Und beide Bilder zeigen eigene Palingenesie, sofern sie ihre Entstehung nach und nacherzählen.
Ein integrierendes Geleitprogramm erschloß konkrete Möglichkeiten zur Verfestigung des Verlags- und Öffent-

lichkeitsprogramms zwischen Wien und Lana, wie es sich für die nächsten Jahre abzeichnet sowie wesentliche organisatorische Voraussetzungen für die Akademie für Sprache bzw. ihrer Wiener Session, wo sie jahrlang sich selbst fortwährend verändert und dann, Neues eröffnend, ihre Secession erneut nach Lana bewegt. Eine im Vergleich wozu rezente, in Arbeit befindliche Nummer des Prokuristen sammelt oder streut in Analogie zum Sachverhalt einzelne Beziehungslinien der sommerlichen Session: Beispielsweise beginnt unmittelbar neben bereits traditioneller Abteilung »Wiesenfabrik« mehr und mehrfach eine »Spur der Steine«, welche dann aber Alpenbereiche ermöglicht, oder sichtbarer: eine Ästhetik des Realen verwirklicht – hinzu kommt der Meridian (»bezeichnender Weise«) wiederkehrender Hölderlinie, aber nicht (»ach ja«) distinkt und klar. Akribischere Arabesken aus Leonardo da Vincis Hand, welche dessen privateste Academia belobigen, bildern einmal (»zum Greifen«) weitblättriges Panorama des Ganzen (»totum est in quodlibet sui«).

Abteilung E: Exkursionen

Einmal jährlich findet eine Exkursion zu einem Schauplatz von (»akademiewürdigem und prokuristenverdächtigem«) Interesse statt. 1989 führte eine Buslinie von Lana in die Val Camonica nach Capo di Ponte, um dort Europas größtes zusammenhängendes Areal von Felsbildern einzusehen. Rezente Reise ging über Treviso nach Casarsa mit Versutta, wo Pier Paolo Pasolini während des Zweiten Weltkrieges als Lehrer zusammen mit seinem Cousin Nico Naldini und Bauernjungen der Umgebung die Academiuta di Lenga Furlana (Akademie für friulanische Sprache) gründete. Diese für die italienische Gegenwartsliteratur wichtig gewordene Hinwendung zum Dialekt markiert zunehmend auch den Beschäftigungsbereich des Prokuristen. Aus diesem Grund (»vor Ort«) konnte - nach einem Empfang durch das Kulturassessorat der Provinz Pordenone - sprachliche Auseinandersetzung wiederaufgenommen werden, eigener Akademie nahestehende Lyrik (Andrea Zanzotto, Biagio Marin) legten diesbezüglich nahe. Die Exkursion begleitete genannter Schriftsteller Nico Naldini (Treviso) und informelle Lesungen zum 100. Todestag von Biagio Marin sowie von Michael Donhauser, welcher mit seinem Gedicht Der Wiesenkerbel Marotte und Maskotte gegeben hatte, die pictura des Wiesenkerbels aus Die fruchtbringende Gesellschaft der tagenden Akademie für Sprache zu verleihen und in wundersamer Inzidenz jenem Emblem der Academiuta, dem Stroligut (»Rapunzel«) analog zu stimmen (vergleiche Frontispiz) und zu setzen.

Fraktion der Akademie
Die Akademie
Session
Michael Donhauser
In zweiter Session (recto)
In zweiter Session (verso): Maria Fehringer
Nico Naldini
Panoramen: Casarsa della Delizia
Anselm Glück, Gennadij Ajgi und Thomas Kling

Abteilung F: N.C. Kaser-Preis

Der N.C. Kaser-Preis – gestiftet von Paul Flora, Markus Vallazza und dem Verein der Bücherwürmer Lana – ist eine private Förderung an junge Autoren, welche in einem bestimmten kulturellen, auch kleinen Raum ermeßlich Anregungen streuen, deren Texte Möglichkeiten zu sprachlichen Territorien ausbilden; eröffnende Sprachlandschaften, die neu Anknüpfungspunkte berufen, auch über ermittelbarere, literarische Ebenen hinaus, hin zu einer relevanten Auseinandersetzung (es erscheint jeweils eine Nummer des Prokuristen, die dem Preisträger und seiner weiterreichenden Umgebung applaudiert). Ohne prästabilisierte Germanistik, die sich als Literaturkritik mißversteht, wird der Preis zweijährig, doch propädeutisch, in Lana vergeben. Der Preisträger wird ermittelt auf Anregung von Schriftstellern im Umkreis der Zeitschrift *Der Prokurist,* bestimmt vom aktualen ästhetischen und organisatorischen Interesse. Den Preis erhielten bisher Bert Papenfuß-Gorek aus Berlin (1988) und László Garaczi aus Budapest (1990)

Abteilung G: Verwaltung und Geschäftsführung

Bis zum Geschäftsjahr 1990 fußte die gesamte bürokratische Tätigkeit auf fakultativ freier Mitarbeit. Die erforderliche Verwaltungsarbeit erfolgte im Rahmen einer sogenannten Akademikertraining-Stelle, welche die Session der Akademie für Sprache in Wien – sozusagen – dem Verein der Bücherwürmer in Lana borgte. Das Anstellungsverhältnis ist mit Dezember 1990 ausgelaufen, und es wurde sowohl für den Verein der Bücherwürmer als auch für seine Wiener Session des Prokuristen samt ungeahnt beschleunigendem Umsatz kraft Tätigkeit, Produktion und Investition akkurat akut, eine entsprechende Part-Time-Lohnstelle (Hermann Gummerer) bzw. entsprechendes Fixum in bezug auf Geschäftsführung und Koordination (Oswald Egger, Robert Huez) einzurichten. Tatsächlich besehen wäre das ansonsten äquilibrierte Projekt geplatzt.

Im Lauf einer voranschlagenden Prüfung der Grundkosten samt Führungsbudget für die Secession Lana – in engster Verbindung zur Finanzierung der Session in Wien – fand beim Lokalaugenschein in Wien ein ermutigend erörtendes Gespräch zwischen dem Südtiroler Landesrat Dr. Bruno Hosp und einer Delegation des Bundesministeriums für Unterricht und Kunst (MinRat. Dr. Günter Oberleitner, MinRat Dr. Günter Sagburg, MinRat Dr. Heinrich Wolf) statt: Demnach soll künftig ein vereinbarter, gesonderter und fixierter Beitrag – zur Einrichtung einer Lohnstelle – zusätzlich zum bisherigen Tätigkeitsetat an den Verein der

Bücherwürmer Lana im Hinblick auf den kulturellen Austausch zwischen der Session Wien und der Secession Lana von der Südtiroler Landesregierung beigestellt werden, um die organisatorische Beziehungslinie weiterhin in Evidenz zu halten. Gleichzeitig wurde vonseiten des Bundesministeriums für Unterricht und Kunst grundsätzlich eine Subvention vorgesehen, die es ebenso ermöglichen soll, den Betrieb in den angemieteten Räumlichkeiten der Session Wien aufrecht zu erhalten und durch entsprechende Geschäftsführung zu intensivieren.

Der Vorstand des *Vereins der Bücherwürmer* setzt sich gegenwärtig zusammen aus: Paul Valtiner (Präsident), Oswald Egger (Vizepräsident), Robert Huez (Kassier), Karl Terzer (Schriftführer), Renate Pöder, Franz Valtiner (Beiräte); jener des Vereins *Der Prokurist* aus: Oswald Egger (Präsident), Alma Vallazza (Vizepräsidentin), Robert Huez (Kassier), Peter Waterhouse (Schriftführer), Michael Donhauser, Hermann Gummerer (Beiräte).

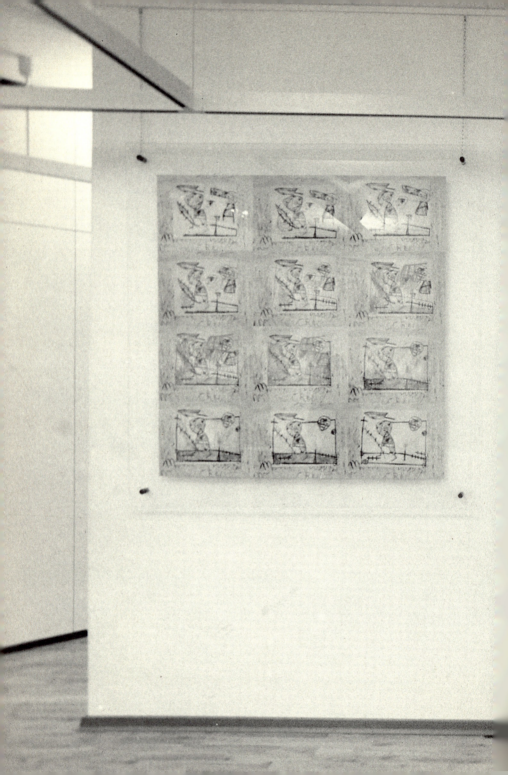

Secession Lana

SESSION VOM 14. NOVEMBER
(Alte Schmiede)

Michael Donhauser

Abschied. Akademie. Arkadien

Im Abschied finde ich das Mögliche wieder.
Das Mögliche als Wirklichkeit, verschwindend.
In seinem Schwinden, verjüngt, noch einmal:
Ermöglicht durch die Sprache, kraft der Sprache.
Willkommen, gutgeheissen, vergänglich, in der Schwebe.
Noch im Abschied erwartet oder angekündigt.
Wie kundgetan: ein Lichtraum der Sprache.
Säulenhallen, Nachtschatten, Abschiedsworte, Vorstadtwiesen.
So sprachlich wie möglich wie real: schotterbedeckt.
Gestrüppgesäumt, laubverweht, angebrochen, vielfach.
Und umbenannt, Arkadien genannt oder Abstellplatz,
    Bretterwand.
Und Garten genannt, botanischer oder verlassener, verkommener.
Und umgekehrt: dass ein Strommasten auf Arkadiens Wiese liegt.
Gefällt in ihrem Stoppelgras, Steppengras, Geröll.
Und Schotter, Schutt, Halden, Dammböschung, Wegverlauf.
Wie Kabelverlauf, den Bahnschwellen entlang, gebündelt: nahe.
Nahe dem Laub, aufgewirbelt noch am Gezweig seiner Äste.
Arkadiens Äste, in einer langanhaltenden Bewegung.

Das Lob ist das Lob des Gelingens im Scheitern.
(Lobend gelingt uns das Scheitern.)
Kein trotzdem-Lob, nicht obwohl oder nichtsdestoweniger.
Das Lob ist ein verzweifeltes, beglückendes, tragendes.
Es nennt: es verneint die Verneinung im Nennen.

(Doch wir müssten sprechen, sage ich.)
Doch wir haben die Sprache an das Lob verloren.
Um sie immer wieder zu verlieren, den Verlust wiederholend.
Um sie ebenso immer wiederzufinden: doch als Sprache.
Nämlich als Baum oder Häuserzeile oder Mauerfuss.
Verheissungsvoll, verhängnisvoll, trostlos, schweigsam.
Denn lobend sind wir unheilbar und geheilt: im Nennen.
So wenn wir den Himmel nennen, ihn holdselig nennen,
 kaltblütig.
Und rubingranat und die Wolken offen, fast fruchtig.
Abendlich, am Abend und rot.

Die Akademie für Sprache.
Das Scheitern als Gelingen an der Sprache.
So entkommen wir uns: schweigend.
So finden wir uns im Entfernteren wieder.
Im Abblättern von Farbe, von Verputz, von Laub, von Licht.
Dass es grautönend auf ein Schuppendach fällt.
Oder in eine Schneise fällt, auf die plangewalzte Walderde.
In die Walzspuren, spurenhaft, auf einen eingewalzten
 Plastiksack.
»Auch wenn wir nicht wollen:
Gott reift.« (Rainer Maria Rilke.)
So werden wir Ordensbrüder, sind wir Ordensschwestern.
Akademiemitglieder, Muttermörder, Liebhaber, Rächerinnen.
Oder Grabbesucher, Andenkende unter einem genannten
 Himmel.
Einem wiederzunennenden Himmel: weit, opak, geöffnet.
So entstehen Enzyklopädien oder Versandkataloge.
So können wir uns zu uns bestellen: gesellen.
Aus dem Entfernteren wieder in die Nähe.

In die Abwesenheit als Nähe in den Worten.
In die Anwesenheit der Worte.
Um so wiedereinzugehen in die Landschaft.
In die Leserschaft: lobend, lesend, launenhaft.
Ins Wiedererkennen so der Bäume, so der Alleen.
So der Trostlosigkeit und getröstet des Trostes.
So sind wir vollkommen, gehen wir als willkommene.
Übersetzend, sprechend, als gäbe es den Einzelnen wieder.
(Nach der Vereinzelung, vor der Vereinzelung.)
Und die Sprache wieder, die spräche, noch.
Und die Sehnsucht, die Wünsche, den Regen, den Basalt, als fiele mit dem Regen die Nacht in das Schilf und zwischen die Weinbergzeilen und ins höhere Grabengras, auf die Schlote, die Bretter und ins Flutlicht, ins Streulicht um einen Fussballplatz, auf dem du vielleicht spielst, nie gespielt hast, während du ins Gleiten kommst, ins Abschiednehmen, ins Nachlassen, allmähliche Loslassen, ins Vergehen, nach dem Verlust, heiter, versöhnt, unversöhnlich.
Sinnbildend, doch ohne Landnahme, doch Abschied nehmend: kein Fundament ausser der fundamentalen Liebe.
Die an der eigenen Unmöglichkeit scheitert und so scheiternd unmöglich ist: doch anhaltend.
In Bewegung: aus dieser Unerbittlichkeit wächst die Schönheit des Entwurfs.

(November 1990, Wien)

Im Lauf der Dinge

(zur Transkription freigegeben
von Anselm Glück und Peter Waterhouse)

morasts and tells

für den Abend des 14. November 1990

Fließendes Dorf / Vaudeville

Mein Herr Landwirt, Herr Landwirt
ich habe kein Sprache.
Ein Kiesel, [...] im Bachgrund
ist die Zunge dieses Tals.

Signor, Signor.

Muß ich mich unterhalten
unter Wasser halten?
Mein Onkel, mein Verwandter
der Kiesel im Bach.

Internationale Zeubester.

Der East India Company Dampfer
fährt die Braunbäche hoch
nach Little Tridio.
Bist du Schlimischer?

Indu/Sindhu, sanskrit Fluß.

Fluß durch das Tal.
Die Kieselsteinhäuser.
Apfelgehäuse.
Ich bin kein Häuschen.

Kieselstein.

Befestigt Keine
Sanitäre Anlage.
behäftete Früchte Gebrauchspäche.
7500 sprachen.
Tal der Zeuber.
Wo geht es Anna noch—
wo ist ein Hauptplatz?
Fließendes Dorf
ist ein Hauptort, Bachgrund.

Todlichdunk[...]

mounds and tells

~~the Tal des spration~~
in the valley of words
we touched a's, b's
spoke v's, t's
oh, under so silent skies

How far I can see
here
here the changed Hans Bodun.

House. word.

We walked over mound
under mountain
listening
to large sound.

Mountain across Bodun.

Here, so deep
in the valley of words
in ballrooms.
All rooms, of all lovers.

Thin walls
~~doorly~~ this strange love,
list~~en to valley~~ I walked
walked under mountain.

Mountain of sounds
mound, tell,
temples and palaces
valleys and slow.

And corresponded
corresponded
i with those in lovers and creations
elsewhere.

tell zähle
tale
tells, will
arab tell
ai talam

~~Harry Style~~
Build
iii spread scrolls.
     On my mountain bike.
↑   I came into this valley.

Bodun.
ii Strange word, valley.
Tell Bodun.
Tell Havana.

Oswald Egger

Auszug aus »... Sitz und Stimme (sessio et votum ...«

> *Ein Theater ist, wie Fabrik und Akademie –*
> *ein großer, mannichfaltiger Virtuos.*
> Novalis, Allgemeines Brouillon

209. Etwas gehört aufgeräumt, Irrtümer gegenseitigen Verstehens, um und zu Secession aus Aporie und Identität bewegen, einem Chor vermutlich, Verneinung auf gereimt: im Nu keiner Spur von Zurückhaltung, eine Geschichte der Stotterer vielleicht (»Moses und Hamann, Notker nötiger, Quirinus Kuhlmann«), falsche Versprecher, aus kaltem Lamäng, kein Lamento, weniges Gestikulieren, und ohne Filter versuchter Reichweite. So wird Sprache, aus der Betörung heraus, Gefüge unwirklicher Areale, geräumter, doch (»um zu sehen«) Raum für Rede spähender Ermüdung. Wie einer Landschaft vorausbrechen? und ans Licht, endlich, tritteln, aber ja: in welches Vorbild und wessen Halbton einer Stimme? Beispielsweise sitzt *Hölderlin* fest, *Der Herbst*.

210. Wenn im Verlauf menschlicher Ereignisse es notwendig wird für ein Volk, die politischen Bindungen zu lösen, durch die sie mit einem anderen verbunden waren, und unter den Mächten der Erde eine eigenständige und gleichwertige Position einzunehmen, die ihnen aus den

Gesetzen des Gottes der Natur zusteht, so verlangt die Achtung vor den Meinungen der Menschheit, daß sie die Gründe anzugeben haben für diesen Schritt zur Eigenständigkeit ... so beginnt manche Erklärung zur Unabhängigkeit.

*

211. Etwas neigt anfänglich oder prinzipiell zu Nicht-Teilnahme, ist Akademie, nie einzelner Adept, aber existiert (»potentiell«) in und (»virtuell«) als Anekdote, wirkt und wird. Beredtes Klientel ebenso vielstimmiger Konstruktionen, es stellvertritt die Laute beispielsweise selbst, kommt durch sie zu Wort, dringt von hier aus in die Rede und placiert sinnvoll erlangte, balanciertere Bedeutung ins Kontinuum, Sprungtuch der Syntax. Und traut, schaut keiner Silbe, laust immerhin ab, der Umgangssprache lauernd, welche Idiotismen privatim oder Echolalie sind, noch Vorstellungen verstellen. Wer ließe Anschaulichkeit nicht bildlich formen, Bedeutungen einzeln wieder aufzubereiten, fühlbare Redefiguren zu kneten und, teigweiche Tätigkeit (»Enzyklopädie«), immer neu aufzurollen?

212. Nach Ecken und Enden erörtertes Verlassen einer Finsternis ... aus akustischem Horizont (»Corona«) entlehnt, säumt eine Stimme, als Phänomen Mitlaut per procura, einzeln Wörter, borgt deren Bedeutungen und spindelt, neu gefügt, in Geometrien des Gesprächs. Dieses *ut pictura poesis* malt und legt jene (»in Wirklichkeit«) aus, greift klärend ein, weist Wege in die Landschaft, redet verbindlich, nach der Natur, und bindet entfernte Ähn-

lichkeiten zu neuen Zusammenhängen (»Deutsch als Fremdsprache«), die behend Bedeutungen nachahmen, kein Eigentlich und nichts Dahinter.

213. Eines beispielsweise ist fixe Idee, aber kein archimedisches Scharnier, von dem aus (»dieses oder jenes«) erzeugt oder erwogen werden könnte. Es flaniert in kurzen Sätzen, springt (»ins Wortfeld fort«), von Vorbedeutung auf Bedeutung über. Die aufschwingenden, weitertreibenden (»Protuberanzen«), schließlich ineins mündenden und sich nun in neue Windungen hineinschraubenden Bewegungen der Erzählung wiederholen sich in Einzelheiten, diese immer wieder traut aufsuchend, um Einsicht in die kompakte Diskretion der Weltbilder zu spuren. Nah (»ach Echos nicht, och nach«) Ägypten, do it Exitus in Exodus. Im Lauf der Dinge erscheinen unlösliche Konzentrate der Vieldeutigkeit, bewegliche Schatten und eindringliche Dunkelheiten, die einander erhellen, durch kleine flüchtige Aufklärungen.

214. Einziger Satz stößt an andere, bringt in Ordnung, organisiert und erstellt, bildet Sprechfiguren, umständlich bemüht (»Gerät in Gang«) oder verteilt die Rollen neu.

215. Schon die Anekdote gehört zum Weichbild einer Sache. Sie springt vom nivellierten Sprechdickicht ladender Stadtluft heraus, in gelegene Felder, extemporierte Wälder, Wegelagerung. Vorderhand zeigt die ganze Natur der Offenbarung keine andere Bewegungen als eingehende, der Zirkel ist ihre Bahn, sie hat keine andere Zeit als Sprache, Dauer des Gesprächs, und befristetes Erzählen, - aber

Erzählung allein bleibe, unzählbar endlich, und die gerade Linie oder Irritabilitäten führen, doch wohin? Eine fixe Idee, und gleichsam verborgener Trabant, errechnen ihre Dunkelheit, deren Abgrund aber erscheint so gut und weit wie einer Wiese Blüte und Abblüte; ihr tönt darüberhinaus (»akroamatisch«) gewölbter Hörraum ... aber auch Palingenesie. Und Erneuerung.

216. Einer Anekdote liegt nachgerade (»stetige«) Unfertigkeit, doch im Handumdrehen vermöge vergleichbarer, biographischer Grillen, verhaltener Botschaft oder Eloge unsichtbar, einer Halb- oder anhaltenden Quasi-Erzählung. Wie wiederholt sie, Diskontinuität (»springende Punkte«) in jeweils diffus-disparater Streuung von aparten Vorgängen so und soviel bohrender Frage zu kommen: Finden einander Momente der Berührung, räumen die (»und wie«) geschlossenen Kreisen augenblicklich Mobilität ein zwischen Meridianen, Welt als Erinnerung.

217. Große und hellstrahlige Harmonie von wegen, bei aller Dissonanz im einzelnen, zweieiig nesteln und Zwillingspointen jener Kuckucksmeinung einheimsen, wo nach chorischer Runde (»Einheitskreis«) intermittierende Stillen einander, und temperiert vorschwebende Einzelheiten übertönen.

[218.] Dann bleiben Momente binnen Sätzen aktuell, entlaufen, von Periode zu Periode, mit selbstähnlichen Schleifen, Hohlformen und Leerläufen, ganz wie gesprochen, und allen Möglichkeiten, selbst Unmögliches zu behaupten und Ungegenständliches zu placieren: kraft Imagination, an der

Erzählung zündet, nirgendwo oder nicht abbricht, dann an anderem Ort neu aufgenommen wird, allmählich bescheidend oder erbittlich aufholend.

219. Noch bevor die Secession (»als Abwanderung, Auszug, Extrakt, Exzerpt und Zitat«) das Vollglück eigener Beschränkung in runder, und vollkommener Hermetik erreicht, weist sie in die Aporie der Anekdote; in die zeitlose und weglose Möglichkeitsform jäh aktualisierbarer Erzählung. Aus der Aporie führt Palingenesie, was voraussetzt, daß Entfaltungsstadien sovieler Beziehungslinien zunächst auf eine Ebene enzyklopädischer Gleichzeitigkeit heraufgeholt werden müssen, bevor alle weiteren Schritte Einzelheiten assoziativer Spuren entwickeln oder auflesen; und Hieroglyphen oder Sternbilder aus dem Diffusionsraum isolieren.

220. Solche Idyllen (»mit Bedacht«) sind Kraftzentren innerhalb eines Sinnkontinuums, durch welches einzeln Dinge rückgerufen werden, jetzt nah ihren voraussetzenden Bedingungen, aber nie ganz dort, (»wo immer ganz dort sein könnte«), in lebhaften Landschaften beispielsweise, die freilich die Worte sich selbst schaffen, poetische Geographien überhäuft mit nachbohrenden Fragen.

221. In ihrer (»wie in aller«) Einfalt wirken dreierlei Zeiterfahrungen ineinander (»Aufmerksamkeit, Erwartung und Erinnerung«): Anekdoten sprechen in Erwartung, über etwas verfügen zu können, worauf sich kleinste Aufmerksamkeiten richten. Und sie nähern sich realen Gegebenheiten solange, bis sie die Beschaffenheit der Phäno-

mene beim richtigen Namen herbeizaubern, und in den Idyllenkreis der Erinnerung, stillebig genügend, zurückholen.

222. Wenn dann Mündlichkeiten aus Session in Stimme überspringen und dort verlautbar werden, entspricht (entsagt sich?) ihre Entsprechung einer Bewegung vom Ort zum Wort, von der Sichtbarkeit zur Unsichtbarkeit, von der Anwesenheit in die Abwesenheit. Mit anderen Worten, und Transparenz, doch Aufenthaltswahrscheinlichkeit dazwischen, entsteht, was etwas ist?

[223.] Alles in und innert allem, selbständig geworden, allein als akustische Wölbung hörbar. Wer spricht? ist ein lebendes Beispiel im großen Zusammenhang, ist im Bild. Vorausgesetzt, etwas nimmt seinen Lauf. Anekdoten, schlichte Erzählung im Sinn beschwichtigender Worte, klopfen Sprüche, schildern berichtigend, vor Ort, eins zum andern. Schöne Aussicht, wo Haushoch flacher wird, umgeben, und Gegenden der Übereinkunft an Niveau verlieren, durch und durchdringbar. Wer gewinnt sich, nach und nach erlangt, Bedeutung wieder? Indem der akustische Sperrbezirk, in denen das Milieu der Sprache (ihre Verstecke und Schlupfe und Hinterhalte) öffentlich wirkt, wird dieser allgemein zugänglich, diebisch, und vergnüglich?

224. *Die Sagen, die der Erde sich entfernen,*
Vom Geiste, der gewesen ist und wiederkehret,
Sie kehren zu der Menschheit sich, und vieles lernen
Wir aus der Zeit, die eilends sich verzehret.

225. Auch Idyllen runden sich zu einem Sprechkreis von (»inneren?«) Stimmen (»Vollglück der Beschränkung«). Die machen sich auf die Sprache selber ihren Reim, machen unvermutet ernst, sind im Klartext gesprochen, singen ..., und sagen (»was sie wissen und weil es wahr ist«). Wer der Anekdote glaubt, und der Idylle traut, hat teil an der Erwartung einer unerinnerten Erfahrung, womit gerechnet zu haben, ohne Zahl und gewesen zu sein.

*

226. Etwas existiert, solange wer spricht? eine Frage welker Fortdauer ist. Kein Wort sei sich selbst das nächste, nachbarschaftlich stellt es zu anderen in bezug. Je privater, beschränkter und idiotischer, um wieviel mehr glückt Berührung, aber ja. Jetzt werden Wörter zu Ereignissen, augenblicklich, werden unbefristet gegenwärtig und drängeln ins sensorium aller nach. Wer assoziiert, was durch und in und nach Noten klingt mit dem, woran das Ohr schon wurmt und gewöhnt ist, das nun fremd und irritierend nachbohrt?

[227.] Lieber ... also keine neue Frage stellen, sondern ihren Ansatz erster Linie geringer vorrücken. Und etwas fügt sich, nachfragende Schößlinge, die unzureichenden Antworten aufgepropft werden und diese überwuchern – lebhafter Vorgang der Verjüngung – und Gras wächst über Sachen, ein Ding ist gelaufen. Palingenesie, hier Erneuerung des Vormundes im Schoßkind, Busenfreund und Kindeskind, fabriziert eine Vielfalt, die von Ebenen der Gegenwart aus einwirkt in gewichtigere Vergehen (»wenn der Dichter einmal des Geistes mächtig«) ohne dessen mutmaßliche Vorvergangenheit je zu konjugieren, Sprache der Engel.

228. Nach zuständlich erratischer ... Erregung indem imaginative Vermögen der Worte mit selbsttätiger Einbildung kraft genitiver Andacht vor Sachen in seltsamen Vorstellungen aneinandergeraten. Oder Idylle beim Wort genommen, während das, wovon sich, aber wer? wessen Wirkung attestiert, versprochen ausgeklammert bleibt. Vielfache Mitsprache erzeugt Wortlaute (»Exklaven«), die kommen verkehrsberuhigt durch Korridore miteinander in gemeinsamen Binnenbereich, und lösen sich, augenblicklich, auf. Aus solchen Clusters etwas heraushören können meint: gehörigem Fundus ging vom einen zum andern orientierte Bewegung innerhalb des Wortfeldes voraus. Zur Voraussetzung bedingter Auffindung wäre gleichfalls Naheliegendes und dessen weitere Umgebung zu beachten: Die Wege und Aporien der Übersetzung zum Beispiel, einzelne Überschläge zwischen Bedeutungen (»vizinal«), und Durchschüsse zwischen verlagerten Ebenen (»Zeilensprünge«). Dann erscheint das Kontinuum einer kognitiven Landschaft zwischen verbindlichen Orten und wird, Wort für Wort, verlautbar.

229. Aber wo, ereignet sich gelebte Landschaft linear (»ein Spaziergang«), sie ballt sich? Obsessiv und ostentativ, um Begebenheiten und Blickwinkel, um Gruppen, Gespräche, Erzählkreise. Und die ereifern sich (»sequentielle Separation«) aus irrem, vielschichtigen Bewußtsein heraus, greifen motivisch, inhaltlich und gliedernd ineinander, bilden oberflächlich fortlaufende Kontexte, verzahnen zeitgleich

mehrere Erinnerungen, schließen entzweite Räume und Zeiten kurz, und legen beiderseitiges Einvernehmen gegen Ende ab. Entferntes in Verbindung bringen, in Berührung, heißt: Stimmen gewinnen oder enthalten. Neue, vertraute Nähe von Wörtern und deren Sprechblasen erzeugen Bekanntschaft, sehr erfreut. Who's Who im Hagestolz entfernter, durch korrelierenden Witz (»versiertere Korridore«) verbundene Exklaven (»Ex-Sklaven«). Und eine nach Wunderland schlüpfende, ungehörige Verhaltenheit eröffnet hermetische Klangbögen (»glossolalischer Galimathias«), – einander unabhängig verklärte Erkenntlichkeit akustisch ebenmäßig. Selbsttätig verstoßende Satzverbindungen, wem lauscht der Laut? Oder isoliert jeder, der will, übereinstimmendes Etwas; – eigene, unterschiedliche Intonation. In höherer, nicht-linearer Zergliederung vom Fortgang der Gedanken, und mit eindringlichen Bildern bis Noten verschwistert – verstellt die natürlich einwirkende Magie der Modelle durch Eindringen gelebter Wirklichkeit autokrate Glaubwürdigkeit.

230. *Die Bilder der Vergangenheit sind nicht verlassen*
Von der Natur, als wie die Tag' verblassen
Im hohen Sommer, kehrt der Herbst zur Erde nieder,
Der Geist der Schauer findet sich am Himmel wieder.

[231.] Weil Entfernung dem Ursprung zu erlegen ist und der Ablauf innert Zusammenhängen ehestens schläft und heftiger, als daß die Einbildungskraft diesen noch erreichen könnte: Klientel fremder Zunge gehört zum Oberton der Überlagerung, kognitive Dissonanz, und im Augenblick heraustretend, aus dem Lauf der Dinge zucken,

weltraumige Umarmung, und zergliedernde Analysis
(»Diskretum Punkt, betretener Mond«), entlang welcher
aber wessen? Schönheitslinie, genügliches Toben (»libera
per vacuum posui vestigia princeps, non aliena meo pressi
pede, qui sibi fidet, dux reget examen.«): O du leidige
Nachahmer Schar, zum Tragen und zum Folgen geborenes Vieh! ... Ich habe meinen Weg, ... wo kein Lateiner mir
voranging, selbst gebahnt, nicht meinen Fuß in andrer
Tritt gesetzt. Wer sich's nur zutraut, führt den ganzen
Schwarm (Horaz Ep. I.19, Wieland konjugiert).

*

232. Etwas zeitigt nach und nach Palingenesie verborgener Variablen und einschränkender Voraussetzungen, sodaß ruhig geantwortet werden mag, was Sprache ist? und
zur Frage danach, was Frage ist? gesellt. Wonach ein und
selber Durchlauf möglicher Gedanken, sofern die ebenmäßig liegen, zur Gelassenheit gelangt.

233. Der Parcours erscheint in etwa, vieldeutig genug, einmal als Herzlinie, Beziehungslinie, Trennlinie, Lebenslinie;
anderweitig als Seelenwurm, Unglückswurm, Strudelwurm,
Ohrwurm, aber er legt und bewegt sich quer im Sprachfeld
(»welche Wiese«), und halst anständig Sinn auf, lädt (»Belästigung«) in akrobaten Aggregationen auseinandergleitende Wortketten ein, und verschlungen aufgetürmte Arabesken ab, ins Kontinuum placiert (»naja aber«)

[234.] Jede Verlautbarung gliedert sich doch früheren ein,
drängt jene in Vergessenheit, lehnt sich abermals ge-

schmeidig an, versponnen, und figuriert befristete Bedeutung, wobei auch Unmittelbares plötzlich herausragt, nun in sich rundend schließt, wohl eine weitere Windung im Gängelband der Helix assoziiert, um einmal (»vielleicht sehr bald schon«) als Klient eines erneuerten sprachlichen Gefallens laut zu werden. Vereitelte Zusammentreffen von zarter Balance und alberner Zurückhaltung im Lebenskreis, - als Rezeption (»wie's blühende Leben«) diesem voraus - verklären entschiedene Anekdoten in unbedingter Umgebung biographisch.

235. Wer denkt? jede Welterfassung erscheint im Naturtheater der Elemente und Abecedarien enzyklopädisch maßvoll; weder erkenntlich latente oder lauthalse Liaison, aus deren Verbindlichkeiten noch Sätze hervortreten.

236. Solche Beziehungslinien werden geradezu durchbrochen, neu aufgenommen, (»folglich«) verknotet, dann gar völlig aufgegeben, um bloßen Nachdenken, Atavismen Platz zu geben, in einem partikularen, stotternden Stil, der überquillt von Interjektionen, die bald dozieren und dann wieder ins Gegenteil gewendet, einander populär äußern.

237. Brüche und Inkohärenzen, außer Kurs geraten, joviales Zeichen der - unter Umständen der Oberfläche - verborgenen Arbeit einer Harmonie an ihrer Bewegung zu sein, driften das Terrain der Verschiebungen und Rückgriffe, aus welchen sich unberechenbar Dislokationen laufender Dinge Bahn brechen und über wessen Richtschnur, und über Gassen hauend, schwankt Moritat (»fundamentale Liebe«).

238. Noch Grundsätze währen verbindlich, Leitlinien wirken verhängnisvoll. Elementare Tatsachen und – in Wahrheit konvertierte – auch Bedingungen erwirken einander in Fällen verträglicher Anwendung wie bewährt. Unbedarfte Deklination der Dinge klinkt gewissem Sinn nach, nah ihrer Lineatur im Kreislauf, etwa einer Warenwelt. Die, aber aus welchem Beweggrund heraus? greift bald da bald dort aus ziemlichem Fundus kurioser, auch gewitzter Erfahrung jede Einzelheit heraus, hält sie im Vergleich zu weiteren und sucht, fügsamere Kongregationen ineins zu passen: Jenes Ereignis zu dieser Erzählung, welche Erinnerung zu wessen Erscheinung.

239. Einschlägige Topologien aus Analogie (»ein Bündel will verbunden sein«), die in Augenblicken (»arkadischer Abgeschiedenheit«) zu Sammlung bewegen oder den Ernst (»engagierter Eingebundenheit«) zerstreuen, während sie das Herausnehmen der Vermögen aus geläufigsten Zusammenhängen ereifern und vermittelst eines Garbengeflechts von Entwicklungsschwellen, von Ebene zu Ebene, von außen nach innen, von bloßen, empfindsamen Sinnen zu vergleichenden Vorstellungen fortschreiten, – setzen (»beim Hörer, Leser, aber auch im Autor«) einräumende Bereitschaft voraus, resonant und vehement mitzulauten, um Eindrücke ja wieder zu erwecken, die, auf Sprache hörend, prasseln.

240. *In kurzer Zeit hat vieles sich geendet,*
Der Landmann, der am Pfluge sich gezeiget,
Er siehet, wie das Jahr sich frohem Ende neiget,
In solchen Bildern ist des Menschen Tag vollendet.

241. Wer aus Erfahrung oder Anekdote spricht, tauscht zwar nur Namen gegen deren Sinn, rückt Wörter ins Abseits, treibt sie in weitere Weide, ihrer ursprünglichen und eigentlichen Bedeutung entstellt, bis zur Auflösung in hintergründig rumorendes Aufsehen. Ort und Wort, Sitz und Stimme, Idylle und Anekdote zählen neben Architektur und Gedächtnis, Stadt und Schrift, Landschaft und Erinnerung einmal (»sechsundsechzig«) hymnische Streckverse an wandelbaren Proteus oder (»immerhin«) hieroglyphische Konjekturen in der Korruption von Ideen, in sich gerundet, rückgreifendes Vollglück einer Beschränkung, nichts neues. Auch die Bestimmung jenes Kreises von Autoren, deren Zentrum überall und dessen Umfang nirgendwo ist, bleibt überzeugende, verfestigte Anekdote; sie kann ja – kraft imaginär zugrundeliegender Geometrie einfachster Denkformen – überall aufgegriffen werden, jederzeit belebt, wo wer von ihren Namen wievieler Sprache spricht. Weitherzigere Anlehnung am Klientel-Wesen löst verbindlich den Zusammenhang und Auseinandersetzung von Fall zu Fall, vom einen zum andern, heraus. Wenngleich sich wer, aber welcher Neigung, in fortdauernd verdoppelnde Ähnlichkeit versenkt, die in ihrer Kontinuität vom Dach des Weltgebäudes bis zum Staubpunkt Hand in Hand reicht, führt allein das schon weit (»Auch ein Sandkorn gewinnt an Wesen, wenn um ihm die Wüste wächst«).

242. Die Nacht war Ort der Blindgeborenen, die den Erscheinungen einwohnen. In ihrem Einzugsgebiet werden nun Stimmen laut, Termini vom Ort zum Wort. Hauptsache, über Wege laufen. Etwas hervortreten meint: die Schriftlichkeit des Seßhaften verlassen, von Mund zu Mund. Nur Wie-

derherstellung anekdotischer Idylle wirkt insofern unwesentlich, weil deren springender Punkt ein Bündel (»Wünschel-Ruten«), Seelenwürmer beispielsweise, gesät haben mag, das jedem Augenblick einen guten Querschnitt dessen gibt, was immer Wissen ist. Konstellation und Aspekt beliebig gestreuter Anfangs- und Anhaltspunkte imaginieren eine Hieroglyphe, ihr Sternbild, einen Chor und blindes Ikon fernwirkender Kraft. Die fädelt fortlaufend, als Beweger unbewegt, sämtliche Phasen eigener Entwicklung und alle Stadien der Entfaltung auf. Und, doch (»sprich schon«) anderseits wie imaginär, Geometrie ebener Erinnerung (»an eine Erinnerung der Blätter an den Baum.«).

*

243. Etwas erscheint unvermittelt, plötzlich, nicht passierbar, unwegsam, unzulänglich. Im Abgang der Gedanken – glaubt man dem wörtlichen Gehalt der Aporie – ist jeder Denkweg ausgeschlossen. Keine Secession kleinster Aufmerksamkeiten aus Abblätterungen weiterer Welten begnadet nunmehr umgebende Wortfelder (»wo sind wir jetzt?«), sondern einvernehmliches Fragen, am Anfang der Frage erbracht, distanziert vorläufige Antwort zur Wiederholung, (»Session aus Leibeigenschaft«).

244. Auch die Anekdote gefällt und versteht sich darauf, im Ereignishorizont ihrer Wahrnehmungen, mit Hilfe von geborgten Wörtern, mehr oder minder kurze, und kurzlebige Sätze zu erzeugen, die sich unscheinbar oder ins Grenzenlose verlieren, wo sich nicht ein unerwarteter Sinn an ihnen entzündet, dessen Plötzlichkeit ungewohnte Bedeutungen

erwirkt. Weil etwas maßgeblich gegen die seiner Umgebung stichelnde Naht zur Welt hin anspricht, vermag sie, anekdotisch eben, laufend Halbwelt zu evozieren, die einzelne Idylle nicht sammeln mag. Erreichbare Augenweiden zeigen mithin eher Zustände an als Orte, sie stellen sich jeweils dort ein – in Form einer Exklave – wo das Kontinuum (»Landschaft«) besonders faltenfrei verlegt scheint. Die Spracharbeit im radikalen Pietismus beruhigt ihr überwältigtes Ausgesetztsein entzweiender, doch nachsinnender Zusammenhänge, die bei wiederholter Wiederholung keinen guten oder schlechten Eindruck hinterlassen, sondern ebenmäßig und nach langer Weile wirken: kraft ikonischer Konstanten.

245. Kleinster Erzählkeim ist damit nicht die Unruhe einer vielstimmig schlummernden, dann aufgeweckten Anekdote, sondern findig selbstvergessene Verhaltenheit der Idylle, und auch nicht als kreisender Punkt, sondern als springender: Idylle oder Anekdote – beider Virulenz und Selbstbewußtsein aus äußerer Reflexion bereiten kaum kontinuierliche Geschichte, eher überabzählbar viele einzelne solcher Umgebungen und Ebenen; sie brechen ab, und Stücke, Brocken nehmen Anteil von Brüchen, bilden Silben und Noten, in schmerzlichem Stegreif, aus hintersten Wäldern in die Figuren des Scheins (»Silvia rimembri ancora / quando beltá splendea«) (»am Feigenbaum ist mein / Achilles mir gestorben«) (»Die Akademie ist der einzige hüpfende Punkt im Staate«) – eine jeweils beschränkte, winzige, auch wunde Welt, die im ungleich glücklichen Griff des Hinaustretens auf groß und flacher wirkende – zusehends zerfällt.

246. Es gibt (»bestimmt«) im Lauf der Dinge einen Bereich der Diskontinuität, des Heraustretens aus dem Chor der Ereignisse, ein Zucken im Gang (»und Gesicht«) vielleicht, wessen falsch (»bevestigter Gesang«), regelloser Reigen, irgend wie (»Regenbogenpresse«) aus Heraklits Fluß? aus tatsächlicher Wirklichkeit in dingliche, in ihr bleiben sich die Dinge (»Sprache«), in Anführungszeichen, und auf nichts rückführbar. Da reihen Regionen, Enklaven: kleinste Sprechkreise, aber die runden sich, wie welsch, im Idiotikon indoeuropäischer Poetik, und haben in Eigenzeit fortzudauern, Kontiniutät zu zeigen. Und Harmonien rumorender Welt durchtönen hörbar das akustische Palimpsest von Turbat-Versen, klingende Städte und Namen, die Wörter vergessen einander, und der Vermögen ist wenig unter sovielen Menschen. Wie aber Wörter, einander Kind? erkennen und empfinden (»und haben fast / Die Sprache in der Fremde verloren«). Wenn nämlich Augenblicke des Beisammenseins, ... einmal, und die Spur des anderen, in wirksamer Koinzidenz, ins Wo-ist-Hier? fallen, wenn eine sagbare Erscheinung das Gerade-noch-Tasten in ein Beinahe-schon-Berühren holt, und nun sprachlicher Zustand, überschlagend kurz oder lang, aus dem Lauf der Dinge heraussticht, springt, und spricht, aber um zu sehen, um jemandem spürbar zu blühen, und etwas in Gang, und in Umlauf, in Rede zu setzen ..., durch und durchbrochen, wie vieles (»noli me tangere«) zu glauben, kein Wort.

247. Eines ist, eine Berührung von Andacht und Angesprochenem ereignen, doch auffindbar, inklinierende Eigenneige einzelner Dinge, welche Ausdruck einer Annäherung

verhängt sind. Zum anderen, je nach Landstrich gezogen oder teigig, je nach Verwendung ausgesprochen oder ach, je nach konservierter Erinnerung lebhaft oder gemacht, – Anekdoten eigennamentlich: sind voll der Gnade, sind sagenhafter Wunsch, auf den Gerüchte ansprechen, in Gefallen locken, um und nur zu behalten. Augenweide aber, manche Sprachen bleiben vor den Stimmen, halten unvermittelt inne, beginnen den Gegenstand, beben. Aber davon sprechen sie nicht, ereifern und erbringen eigene Bildwelt. Beschauliche, tuchfühlende Taktilität.

248. Man muß den Wissenschaften klanglose Anhänglichkeit nicht nachsehen, und ihre Wiederherstellung überlegen, ob wo Metaphernschwellen anzubringen sind, um fahl und flacher Torpedierung zu entkommen.

249. Was ich am häufigsten benütze, das ist fremdes Gut, doch nur insofern, als ich alles, was irgendwo gut gesagt worden ist, zum Meinigen mache ... Doch da ich schon daran bin, meine Werkgeheimnisse auszuplaudern, lege ich meine Anmaßung noch weiter bloß. Alle, die mir in Wort und Tat als echte Weise begegnen, halte ich für meine Klienten, ja mehr noch, ich beanspruche ihren Vasallendienst und zwinge sie, durch ihre Überlieferungszeugnisse an meiner Stelle gegen die bösen Zungen meiner Gegner zu streiten (»exempli causa, Johann von Salzburg«).

250. Im Augenblick fortwirkender Diskontinuität vom Lauf der Dinge, jenes Diskretum, das die Syntax nützt, um nur zu Wort, und dieses in Fahrt, in Rage zu kommen, und Redefiguren entwirft, in eine Ebene, in eine Zerfahrenheit, aus

ihr Protrusionen erneuern. Andere, und Wiederholungen quellen hervor. Oder jene Beschreibung der schwingenden Saite, für die Euler das Prinzip der Unstetigkeit zur Fortsetzung erfand, von Klippe zu Klippe wohl, uneinnehmbares dispersum dynamicum, und ... umklammerte Vorstellungen, Gedächtnistheater nach einer Idee der Amphiktyonie, kultisch-politischer Verband von Umwohnern und Nachbarstaaten, auch variierender Sprachgewohnheiten, mit gemeinsamem Heiligtum, Attika antik.

251. Ist nicht? das Verlassen der Nacht das Verlassen des falschen Theaters der Memoria, des fensterlosen Stadttheaters, der Auszug in ein Rückzugsgebiet, wortlos, bildlos, zeichenlos (»wie diese weiße leere Weite«). Allein – im Hintergrund lauerts laviert lateinisch, doch blasser, ungleich eindringlicher Einbildungskraft: Sprache, eben, der Engel, Klienten und Gauner; – Theater, eben, der Landschaft im Hintertreffen; – Akademie, eben, aber anders als allegorisch, und in Arkadien immer ich ... anamorphotischer Augenspiegel, Zentrum der sprachlichen Nivellierung – (»Empedokles«) Städte und welche Souveränität von Staaten und Sprachen nicht? verabschieden. Zumal alles in allem um und Umgebung dreht, landschaftliche Secession (»alea arealia«), die Rede bizarr belebt, genau dann, wenn nichts passiert ..., aus Stille erheblich bricht Ätna durch Erde, und durch Ebenen Erinnerung aus.

*

252. Etwas lenkt, unabhängig von bukolischem Nebenweg, auf erste, beste Intention ein, gelebt zu haben, ohne (»ubique in nobis«) gewesen zu sein. Palingenesie will

Verfahren, brächte gern Antworten auf Fragen hervor, aber ohne Frage nach der Frage überhaupt.

253. Ein Mandat, und weitere Gebiete zurücklegen ... am Rande epischer Gewebe ereignet sich ebenso das Ende manufakturieller Fabrikation (»Penelope bleibt«), ... Fabrikate erklären sich unabhängig. Geschriebenes, eine Unabhängigkeitserklärung gegenüber eigenhändiger Signatur, die es entließ. Handschrift erweist sich pardonabler, Patron welcher Buchstaben und Wörter und Lineament einer Landschaft, Hintergrund (»ins gleiche«) dekliniert. Von langer Hand geschrieben.

[254.] Wenn im Lauf der Dinge es unabwendbar wird für die einer Sprache eingeboren sind, die angesprochenen Zusammenhänge auseinanderzusetzen, durch die sie anderen und insgeheim verbunden waren, und unter Umständen ihrer Umgebung eigenmächtig Bedeutung einzuheimsen, die ihnen im Sinn steht, kraft kleiner, plötzlicher Aufklärungen, so verlangt es Diskretion vor hermetischer Versenkung, daß Beweggründe hervortreten, in Augenblicke einer jeden Secession.

255. *Der Erde Rund mit Felsen ausgezieret*
Ist wie die Wolke nicht, die abends sich verlieret,
Es zeiget sich mit einem goldnen Tage,
Und die Vollkommenheit ist ohne Klage.

256. Als ob die procura des Autors, weit entfernt, Anwalt eigener Sache zu sein, diese, sobald gelaufen, sogar leugnet und noch gegen sie Klage erhebt. Allein Vollkommenheit kennt keine Klage.

Peter Waterhouse

Bausteine zu einer Poetik des Kontinuums

> Oh Gott, allgegenwärtge Quelle
> Von aller Schönheit, so die Welt
> In ihrem weiten Kreis enthält,
> Wie groß ist deine Macht! Was zeiget jede Stelle
> Uns für Veränderung! wie ist der Unterschied
> So unbegreiflich groß! o Mensch, besinne dich,
> Der du bisher, betrogen durch den Schein,
> Das Feld nur überhin, als wär es grün allein,
> Unachtsam angesehn, es bloß begrast geachtet,
> Und so, wie ohne Lust, auch sonder Dank, betrachtet!

Leserin oder Leser des Barthold Hinrich Brockes, du müßtest doch sogleich, in diesem Gedicht von der Wiese, wissen, was das Allgegenwärtige ist, sagen wir: dich dann umschauen, in einem bestimmten Gasthaus, wie damals wir, und aus den Tischen und Sesseln, aus den Tischtüchern, aus Salz und Pfeffer, aus den österreichischen Zahnstochern, und aus Gläsern und Wein, aus den allgemein Sprechenden (zwischen dezidiert, deplorabel und Dialekt) und Essenden, aus den Köchen und Servierenden, aus der kroatisch bestimmenden Wirtin, auf etwas schließen, das größer ist als du, größer als du. Oder kleiner. Allgemeiner. Spezifischer. Dieser Hamburger Senator sagt: alle Orte sind göttliche Orte, bilden eine totale Heimat (Ritzebütteler Blendung). Der Protestantismus kennt ja keinen Vaticanus, den Hügel der

Weissagung, den achten Hügel von Rom, nicht, auch kein Lourdes und die Marienerscheinungen, auch keine Identität von Mekka oder die genaue Wegkreuzung oder den genauen Bauplatz. Sondern: Ich denke hier auch an eine Dichtung wie jene des Biagio Marin, den Blick auf die Adriainsel und die Landschaft des Friaul; wie kommt diese Welt in den Gedichten zur Sprache: als Altar und Kirche. Die Blumen, Sträucher, Bäume, Bäche, Vögel, Häuser und die dort Wohnenden sind zusammmen ein Kirchhaus = katholikos, allgemein gültig, Kirche hier in der Etymologie von Zirkus, Umkreis, circus elucens. Wie anders dagegen liegt, fast in derselben Landschaft, wenig weiter nordöstlich, auf der Hochebene des Karst, über dem Golf von Triest, gegen Ende von Peter Handkes 'Die Wiederholung' das Holzboot als Wunder und als wunderwertiger, erhobener, teurer Ort da, mit dem Namen Bundeslade: 'und dann am Grund des Dolinentrichters zu deinen Füßen, zwischen zwei Felsbrocken, die ganz wirkliche, mehrsitzige halbverrottete Barke samt Ruder entdecken, und sie, den Teil für das Ganze, unwillkürlich, du bist nun so frei, bedacht haben mit dem Namen BUNDESLADE.' Lourdes bei Triest; dagegen Brockes:

> Indem in mancher grünen Tiefe
> Mein Auge hin und wieder liefe,
> Macht eine dunkel grüne Stelle
> Die liebliche *Vergiß mein nicht*,
> Fast wie ein kleines blaues Licht,
> Mit holdem Schimmer, gleichsam helle.
> Die Himmelblaue Farbe machte,
> Daß ich, voll Frölichkeit, auch an den Himmel dachte.
> Der Sternenförmige fast güldne kleine Schein

Im Blauen, schien mir recht ein Sternen-Bild zu seyn.
Ich freu mich über dich, holdseligs Blümelein!

Von der Unterscheidung schon zur Allgegenwart! Eine dunkelgrünere Stelle in der Wiese, genauer besehen ein wenig blau, eine kleine Blüte ist es, die sich in einer allgemeinen Wiese unterscheidet, sogleich wird der Gedanke an den Himmel, an die Nicht-Blume, Nicht-Wiese, der Blumen und Blüten Nicht-Identität. Aber warum jetzt die Nicht-Identität? Das ist ein bißchen Methode, Wahrnehmungsmethode, Erkenntnisprinzip, Dasein; und es klingt auch ein bißchen lustig –

> Wie lieblich sind des Grases grüne Spitzen,
> Die theils gebogen sind, und theils gerade stehn;
> Zumal wenn sie bestrahlt vom Licht der Sonne, blitzen,
> Wodurch die Hälfte gelblich grün,
> Die andre grünlich weiß, ja oft wie Silber, schien.
> Wobey ich, wie gesagt, den drey belaubten Klee
> Mit Lust so dicht verschränket seh,
> Daß hin und wieder kaum durch ihrer Blätter Ründe,
> Die ich bald groß, bald klein, mit tausend Anmuth finde,
> Des Grases zarte Spitzen dringen.
> Gewiß, es kann ein solcher Platz,
> Mit zartem Klee bedeckt, uns einen reichen Schatz
> Von Anmuth und Vergnügen bringen.
> ...
> Wenn hier ein Busch getheilt und da gespitzet stund,
> War dort ein anderer, der rund,
> Bey welchem man oft fern, oft nah
> Verschiednes niedres Buschwerk sah,
> Wovon der dunkeln Schatten Menge

> In unterschiedner Breit' und Länge
> Sich Strichweis auf die Wiese streckte,
> Und hier und dort das helle Feld bedeckte,
> Wodurch denn auf hell-grünem Grunde,
> Durch die mit Licht vermengte Dunkelheit,
> Ein' Anmuthreiche Lustigkeit,
> Die alles rings umher erfüllt', entstunde.

Zu dieser Lustigkeit mehr zu sagen, gehe ich zu dem Staub und einem staubgrauen Tag. In seinem Vergnügungsbuch – welches Vergnügen ist das? – sagt Brockes, daß nicht nur der Himmelsraum und der Sonnenschein und die Größe der Planeten bewundernswert sind, sondern auch ein Stäubchen. Ein staubgrauer, ein trüber Tag war es einmal – man hörte Regentropfen auf das Fensterblech aufschlagen –, die Weckuhr hatte nicht geläutet, die Zeit war verschlafen, die Zugabreise versäumt, – als es an der Wohnungstür läutete. Gregor brauchte nur das erste Grußwort des Besuchers zu hören und wußte schon, wer es war – der Prokurist selbst. Warum war nur Gregor dazu verurteilt, bei einer Firma zu dienen, wo man bei der kleinsten Versäumnis gleich den größten Verdacht faßte? Genügte es wirklich nicht, einen Lehrjungen nachfragen zu lassen – wenn überhaupt diese Fragerei nötig war –, mußte da der Prokurist selbst kommen, und mußte dadurch der ganzen unschuldigen Familie gezeigt werden, daß die Untersuchung dieser verdächtigen Angelegenheit nur dem Verstand des Prokuristen anvertraut werden konnte?

Zur anmutreichen Lustigkeit; einmal machte die Akademie für Sprache eine Reise nach Casarsa (wieder die Landschaft des Friaul). Warum Casarsa? Was war gemeint? Ist nicht dort, nachdem im Zweiten Krieg die alte Stadt – die Brombeerstadt – durch Bomben zerstört wurde und nachdem die große Durchfahrtstraße Jahrzehnte hindurch breiter wurde, bereiter, und von immer mehr Lastwagen und immer mehr Bussen und immer mehr Automobilen wichtiger und wichtiger und lauter und schneller, ist nicht dort die Rebarbarisierung weitergeschritten, mitten durch den Genius, der die Menschen durchs Leben begleitet/begeistert? Und später, nachdem Pasolini den Ort verlassen hatte, ist der nicht fast römisch geworden, borgata ohne Zentrum, radikaler als Rom? Eine Antwort auf die Freude? Viel südlicher, aber es schneite stark, schrieb Pasolini von der weiteren Entstofflichung des Ortes oder der Sitten, des Panzers, und der Sprache, von einer heftigen Entidentifizierung, von, vielleicht, der anmutreichen Lustigkeit –

> die Geschichte von Ninetto, dem kalabresischen Jungen, der zum erstenmal erlebt, wie es schneit. Wir waren gerade in Pescasseroli angekommen, die weiten Schneeflächen hatten bereits, aus reiner Überraschung, bei ihm eine für sein Alter (er war sechzehn) etwas zu kindliche Freude hervorgerufen. Doch als die Nacht hereinbrach, wurde der Himmel unversehens weiß, und als wir das Gasthaus verließen, um in dem kleinen, zu dieser Stunde verlassenen Ort noch ein wenig spazierenzugehen, belebte sich plötzlich die Luft; in einer seltsamen optischen Täuschung – denn die Flocken fallen ja nieder – scheint man zum Himmel emporzuschweben, doch unregelmäßig, da sie nicht stetig fallen, ein jäher Bergwind versetzt sie in Wirbel. Blickt man

nach oben, so wird einem schwindlig. Es ist, als käme der ganze Himmel auf einen herab und löste sich auf in diesem glücklichen und wilden Fest des appeninischen Schneefalls. Man stelle sich nun Ninetto vor: Kaum nimmt er das nie gesehene Ereignis wahr, dieses Sichauflösen des Himmels über seinem Kopf, und schon überläßt er, den keine gute Erziehung hindert, seine Gefühle kundzutun, sich einer zügellosen Freude. Sie durchläuft sehr schnell zwei Phasen: zunächst eine Art Tanz mit genauen rhythmischen Zäsuren (das erinnert mich an die Dinka im südlichen Sudan, die mit den Fersen auf den Boden stampfen und mich seinerzeit an die altgriechischen Tänze erinnert hatten, wie man sie sich beim Lesen der Verse klassischer Dichter vorstellt). Er stampft kaum merklich, er deutet ihn gerade nur an, jenen Rhythmus, der die Erde mit den Fersen schlägt, indem er sich in den Knien auf und ab bewegt. Die zweite Phase ist vokalisch: sie besteht in einem kindlich-orgiastischen Freudenschrei, der die Höhepunkte und Zäsuren jenes Rhythmus begleitet: 'Hè-eh, hè-eh, heeeeeh!' Ein Schrei also, der keine schriftliche Entsprechung hat. Eine Vokalität, die sich einem Memoriellen verdankt, das den Ninetto von heute in Pescasseroli mit dem Ninetto in Kalabrien – einer Randzone, die sich Reste der altgriechischen Kultur bewahrt hat – und mit dem vorgriechischen, rein barbarischen Ninetto, der die Fersen auf den Boden stößt, wie es heute die vorgeschichtlichen, nackten Dinka im südlichen Sudan tun, in einem Kontinuum ohne Unterbrechung verbindet.

(Ketzererfahrungen)

Die Freude ist eine Auflösung des festen Himmels, und die Freude ist ein Kontinuum. Ich meine hier eine Akademie der Disfiguration; doch wie soll sie sich darstellen? Ich gebe ihr die Gestalt zweier Sätze aus dem Oktober 1803:

> My nature requires another nature for its support, and reposes only in another from the necessary indigence of its being. Intensely similar yet not the same must that other be; or, may I venture to say, the same indeed, but dissimilar, as the same breath sent with the same force, the same pauses, and the same melody pre-imaged in the mind into the flute and the clarion shall be the same soul diversely incarnate.

Mein Dasein verlangt, als Halt, ein anderes Dasein, erneuert sich nur dort vom notwendigen Ungenügen seines Zustands. Heftig ähnlich muß dieses andere sein aber nicht gleich; oder, wage ich es so zu sagen, eigentlich gleich, aber unähnlich, wie der gleiche Atem, der mit gleicher Kraft, den gleichen Pausen und der gleichen, vorgedachten Melodie in die Flöte geschickt wird, und der Klang wird die gleiche Seele sein in unterschiedener Verkörperung (unterschieden gefestigt, unterschieden identifiziert).

Die gleiche Seele in der verschiedenen Verkörperung. Warum braucht es in der Anima poetae von Coleridge die Unterscheidung und Verwandlung? Because of the necessary indigence; das ist ein notwendiges Ungenügen des Zustands. Ungenügen? Indigence? In seinem lateinischen Ursprung meint das Wort: dürftig, darbend, arm, ermangelnd, auch: im Elend sein, auch: verlangen und wünschen. Aber zugleich heißt es: einheimisch, inländisch. Also: mein ungenügendes inländisches Dasein verlangt, als Halt, den Anschluß an ein genügendes ausländisches oder sogar europäisches Dasein. D.h. verlangt Erinnerung. Woran?

Ich ging in die Abendlandschaft. Der Kanal nahm das Himmellicht in sein berührbares Wasser: hier für dich. Der Baum verwandelte das Haus. Die Tankstelle leuchtete aus zwei Tankstellen. In der einen Ferne rauschte die Schnellstraße, in der anderen Ferne rauschte die Eisenbahn. Dort und dort. Ferne Brücke. Die Hochspannungsleitung maß die Entfernung, jedoch sie nahm keinen Anfang und kein Ende. Die Nesselblätter wippten, und die Felder taten es ihnen gleich. Die Grashalme leuchteten wie die Abblendlichter. Ich sah die Drehung der Blume. Eine Blüte drehte sich und war ein drehender Wagen, zuerst sah ich das Weiße, dann, rot, das Rücklicht. Die Landschaft fuhr über die Autobahn in zwei Richtungen. Die Stadt dort ist hell wie hier das Zifferblatt auf meiner analogen Uhr. Licht und Licht. Der Industrieschornstein war aus der nahen Reihe der Zaunpfähle gerückt, aber ein Erstens und Zweitens, ein So und ein Anders, ein Groß und ein Klein, ein Handausstrecken und ein Meilengedanke, ein größeres Gespräch, ein Wort für den Zaun hier und ein Wort für den Schornstein weit, ein Wort für die Landschaft und ein Wort für den Betrachter, ein Betrachter-Anderes, Holzzaun-Anderes, Augen-Anderes, das alles war gefunden. Es war Stunde der offenen Tür. Von den Worten 'helles Fenster' wurde das Fenster heller. Von dem Wort 'Plakatwand' kräftigten sich die Farben des Bilds. Von dem Wort 'Eisenbahn' wurde das Rauschen metallischer. Von dem Wort 'Flugzeug' blinkte dieses eindringlicher und mit weiteren Lampen. Von dem Wort 'Landschaft' ging ich schneller. Von dem Wort 'Weg' ging ich in das Wiesengras. Von dem Wort 'Wiesengras' blickte ich zurück, und die Hügelkette war blau, und es sprang ein kühler Wind heran. Und von dem Wort 'blau' ging das Licht fort. Und von den Worten 'dunkelroter Nachtbeginn' ging ich zurück zum weißen Wagen und nahm Platz in ihm. Ich schaltete die Scheinwerfer ein, und draußen die schwarzen Brombeeren leuchteten auf. Ihr Schwarz leuchtete, und ich wollte solches der Sprache verdanken. Aus den Brombeeren melanosis, aus den Scheinwerfern leukosis, aus dem Himmel iosis; Schwärzung, Weißung, Rötung.

Die Wiese, das morgendliche Zimmer, das verletzte Casarsa, das schneiende südliche Dorf, die andere Natur, die Ebene der Alchimie – Orte – Orte. Wie wird man sie vereinen? Oder muß man sie isolieren? Soll man lesen oder buchstabieren? Haben Sie einen gemeinsamen Kern? Wohin kommt der Geher in den Wald und in den Garten? Diese vielen Wörter für Orte. Weben denn die Nymphen und sind die Bienen unterwegs? In der Österreichischen Nationalbibliothek findet der Leser unter dem Stichwort 'anonym' ein Konvolut von Gedichten unbekannter Autorschaft angegeben. Es sind, bestellt man diese Mappe, zumeist handgeschriebene Gedichte aus der Zeit der sogenannten Ersten Alpenrepublik, darunter ein längerer, zumeist unklarer Text mit dem Titel 'Die Erzählung vom Benzin'; eine Abhandlung über Isolation und den Rausch des Zusammenhanges, wie sich herausstellt, oder über das Rauschen, oder dem Rausch widerstehend, das heißt, amethystisch, dem Met widerstehend, eine Art Hotel Kontinental –

Die Erzählung vom Benzin   *frankfurt*

schuldig der Wiesen und Bäche, schuldig der Blumen, schuldig des Himmels, der Straßen, Häuser, Hügel, schuldig der Brennesseln, schuldig der Schnecken, Bäume, Kiesel

30. August. An der Einmündung der Badener Bundesstraße in die Triester Reichsstraße, zwischen den Ortschaften Guntramsdorf und Traiskirchen, ereigneten sich heute zwei furchtbare Autounfälle, die zusammen vier Todesopfer erforderten. Fünf Personen wurden außerdem schwer verletzt.
Der erste Unfall spielte sich gegen 9 Uhr vormittags ab. Um diese Zeit fuhr der Wiener Fleischhauer Haselmeier, 16. Bez., Koppstraße 36 wohnhaft, mit seiner Frau und drei Angestellten in seinem Personenauto in der Richtung nach Wiener Neustadt. Das Auto wurde von dem Fleischhauergehilfen Hellebard gelenkt. Bei der Einmündung der Badener Straße kam dem Auto ein mit zwei Personen besetztes Motorrad entgegen. Die Fahrzeuge stießen mit solcher Wucht zusammen, daß das Motorrad vollständig zertrümmert wurde.
Um 5 Uhr nachmittags trug sich an der gleichen Stelle ein noch folgenschwererer Zusammenstoß zweier Au-

tos zu. Der Wiener Obst- und Gemüsehändler Cardillo vom Naschmarkt, der mit seiner Familie in Baden den Sommer verbracht hatte, befand sich mit einem vom Chauffeur Schedelbauer aus Wien gelenkten Taxi auf der Heimreise nach Wien. Im Wagen saßen außer ihm seine Gattin Elisabeth, seine 9jährige Tochter Nunzia, die 28jährige Kinderpflegerin Oder und seine drei Monate alten Zwillingskinder Salvator und Maria. Unweit der Einmündung der Badener Bundesstraße fuhr das Auto mit dem entgegenkommenden Mietwagen des Chauffeurs Schlegelbauer zusammen. Die Wirkung des Zusammenstoßes war furchtbar. Die beiden Fahrzeuge verkeilten sich förmlich ineinander. Der Chauffeur Schedelbauer war auf der Stelle tot.

Und ich stand unter einem blauen Himmel
nahe jener Stelle.
Klärte ich eine Schuldfrage?
Sehr schwere Wagen
sehr schwere Verletzungen
schwere Gefühle.
Der Fleischhauer, ein Mann, ein Mann,
die Pflegerin, eine Frau Oder.
Auf den Lenkrädern der vorüberfahrenden Limousinen
lagen die Hände, und ich sah die Gesichter
von Männern, Frauen
aufmerksamen Fahrern.
Ich stand in einem katholischen Land
und an einer mit den Verboten geregelten Kreuzung
und die Blumen die ich sah
waren geschriebene Gesetze.

Und die Gewalt fuhr
und das Fahren war wie ohne Gewalt
dann das Fahren war blau
und es war gelb und blau
und es war schwarz
und es war auch schnell
wie Licht von der Sonne herab auf die Blüte
die davon größer wird und offener
gewaltlos. Die Straße ebenmäßig
wie wenn ein nachtblauer Teppich geknüpft wäre
in vielen Tagen Arbeit Fäden die Finger berührt hätten
durch die Hände gekommen wären
ohne Hitze, ohne Funke, ohne Bindemittel
immer Fäden und Fäden
und der Teppich die Straße wieder einzurollen wäre
und das blaue Dach auch wieder zu bündeln
und auf dem Rücken eines Tieres mitzunehmen
am anderen Ort.
Die Straßenschilder provisorisch aufgebaut,
wohin sie zeigen
dahin könnten sie mitzunehmen sein.
Nicht absolut gelten hier
das rotrandige oder notwendige Dreieck
welches von drei Schrauben gehalten wird
und in einem Winkel schon ein wenig rostet
wer sieht den Rost?
Gewaltloser Rost.
Oder die Tankstelle ist verlassen worden
die Zapfsäulen abgebaut
die Hütte geschlossen
und jetzt beginnt die Tankstelle zu schweigen

oder ein weißes Wort zu schreiben.
Klärte ich eine Schuldfrage
denn ich war jung und wie geboren
und ich schien sehr absolut gültig
eine Art Limit
oder Ausgangspunkt der Rennbahn
und sehr gerne gezeugt
daß ich es noch spürte.
In bestimmten Minuten hielten die Wagen
und ich hörte aus ihnen, den sehr leisen
und das Seitenglas war gesenkt,
die Gespräche der deutschen Sprachen
die Höflichkeit und die Unterhaltsamkeit
selten die Ausgelassenheit
manchmal die Weisung.
Immer waren es Gespräche
zwischen Fahrer und Frau
nie zwischen Fahrerin und Mann.
Es war Deutsch
ich war jung und wie geboren,
ich wie einer ohne Gewalt
begegnete den deutschen Sprachen, die wie ohne Gewalt waren
was ist damit gemeint
oder wer ist damit gemeint,
solche Fragen klangen selbstverständlich,
im Wagen sagte einer Baum oder blau
und ich wußte
wenn ich auch noch nicht fasziniert war.
Ein Wagen stoppte
ich hörte: heute, jetzt.
Ein Wagen stand

ich hörte: wir, du.
Dann wurden die Wagen schnell
und das Schnelle war gespeist vom Können des Fahrers
und vom Glanz der Fingerringe
Schmuck, den die Frauen besaßen.
Und über die geknüpfte Straße fuhren sie
und knüpften noch viel mehr
und ich stand von der Schönheit der Straßenlandschaft belohnt.
Ich nahm diesen Lohn
eine Art Geld
und konnte damit zahlen
denn um mich kostete alles.
Bettler an der Straßenkreuzung
und ich bettelte fast nicht
sondern war aufmerksam.

Und zwischen dem Himmel und der Erde
ruhte oder schwebte ein Halbwert
ein See oder die Seelen der Verstorbenen
oder ein abgewendetes Gesicht
auch eine Gottes- und Menschenliebe
eine fremde Unterhaltsamkeit
eine seltene Ausgelassenheit
eine Weisung
und das Dorf der Blumen mischte sich hinauf
und das Geräusch der Ebene mischte sich hinauf
und der blaue Verbrauch der Wagen mischte sich
und die Gewalt machte es zittern und schwingen
und lebendig werden.
Die Gewalt weckte die Toten
und ich stand nahe.

So lebte ich
geweckt von der Gewalt.
Und dem vorüberkommenden Schutzmann oder Gendarmen
aus Frankreich oder dem ferneren Osten
vom Land am Atlantik oder einer Stadt wie Czernowitz
ihm sagte ich
wo ein Unfall des Verkehrs geschieht
da gewiß geschieht der nächste.
Das ist wie wenn gewiß in Liebe einer geht
da wird ihm die Liebe begegnen.
Ist nicht Napoleon über diese Felder gezogen
mit ungefähr achtzigtausend Männern
und jetzt Sie, Herr Gendarm?
Und zuvor ich, Herr Gendarm?
Und vor Ihnen und mir die Bewohner des Dorfs
und dieser Straße
Liebende, Liebende
und die Quecken und Quitten
und Weizen
und die Welle durch den Weizen?
Fällt nicht hier das Sonnenlicht stärker
als in den Frieden?
Ist nicht hier der Sommer besser?
Das Bett ist bereitet
und wir legen und setzen uns
in weiße Tücher
in Dampf, Rauch und Lärm
mitten in ein Vogelnest einer Schuld,
klingt nicht drüben der Regner der Felder
nach dem kindlichen Schnellgewehr
und fallen nicht fast in Vollkommenheit

wenige Tropfen auf unser Kreuzbild
unseren katholischen Steh- und Schauabstand
und wir atmen, weil das Herz Stein
und von einer Kugel getroffen?
Hauch, zwischen der Erde, dem Himmel.
Mein Stein, von Schuld getroffen.
Ein immer näher Stehen
und immer näher zum 30. August.
Und die Kirschbäume tragen die Kirschen
und die Bienen, von Fremdhand hierher gebracht,
tanzen, und die Blüten neigen sich
und Wind weht.
Die Bienen, die Blüten, der Wind –
sind nicht die Worte wie ein Urteil gesprochen,
'Kirschen tragen',
'den Bienen zusehen beim Tanz',
heißt das nicht leise auch:
verurteilt zu?
Und wer einen Baum anschaut
hat der Recht?
Und wer den Feldweg geht
ist der entlassen?
Geht er nicht in einem Kirchhaus,
und ist der Bach absolut?
ist nicht über diese Felder der
und seine gezogen
der den Beton und die Bunker hinterließ,
und sie sind jetzt starr wie die Toten
und sie sind unzerstörbar wie die Toten.
Kein Auge schaut.
Ist nicht der Himmel gläsern, glasig?

Wer zieht dann den weißen Schnee über das Geschehen?
Tot. Lebendig.
Benzin.
Benzin trinken
tanken.
Und wer einen Baum anschaut,
hat der Recht?

Und die Landschaft war eine Gemischbildung.
Bäche Kohlenwasserstoff.
Tankstellen-crack.
Flußmündungen, Getränke.
Und die Formbeständigkeit
und die Oberflächenbildung
und die Kohabitation
und der große große Schlaf
und der grüne Kohinoor
die diamantene Hochzeit,
die Sporangien öffneten leise
und streuten ihre winzigen Inseln ins Ägäische Meer.
Blaues Benzin.
Pilze und Farne.
Blaues Benzin ein Mamma-Meer,
trinken schlafen streuen
ziehen über die Felder
mischen steuern und die Hände auf einem Lenkerrad
und von einem Mittelfinger blitzt der Ring,
und die Kollision öffnete ihr festes, unzerstörbares Sporangium
und an einem 30. August
betrunken von Benzin
fahren zwei aus dem Dampf, Rauch und Lärm

zwei Wagen, zwei Pilze
zwei oberflächenfeste Blumen
aus ihrem Gemisch
fahren in einen blauen Himmel
aus einer Schwere – heureka –
an einer Einmündung
in eine Isolation
unter der direkten Einstrahlung der Sonne
zu ihren Inseln Insomnia und Insomnia.
Ich stand an einem Straßenrand
ich war geweckt. Corpus iuris.
Insulaner, die bewaldete Höhe
aus Trümmerschutt eines Zweiten Kriegs.
Sie fuhren, flogen, in einem blauen Himmel
waren zweimal das Pfeilgift
die kleine glitzernde Menge
Curare, mich zu kurieren.
Dosis. Und ich wurde nicht.
Nicht Kollision: Prokuktion geschah
in der Agonie. (Agonietropin-Releasing-Hormon)
Nicht Kollision, und es flogen wie Pfeile
Enzyme und Enzykliken und Pollen.

Aus eins mach zwei.
Im gelben Monat der Vermehrung.
Zwei Wagen (Wogen) blühten im August
unter einem blauen Himmel
in Weizenfeldern, Körnerlockerung
Samenbewegung. Ich sprach die Sprache
ich warf meine Körner in die Luft
und die Wagen, in einem letzten Moment

drehten und kamen nicht ans furchtbare Ziel.
Konstellierten oder destellierten
destillierten, verschiedene Tropfen.
Und sie wurden still,
leise Bedeutung, stiller.
Ich stand an der Einmündung,
an Bundstraße und Reichstraße,
sechzig Jahre nach dem Ereignis
einhundertachtzig Jahre nach dem Marsch
und die Stelle wurde still
und ich isoliert
leise.
Europameister der Stille.
Förmlich ineinander;
und ich isoliert;
und sehr froh erzeugt
daß ich es noch spürte
spürte spürte.

Häuser, Wagen, Wege,
jedes Haus ein Wort
jede Tür ein Wort
jedes Fenster,
die neuen Blumen, draußen,
dienten einem Fahrer als Worte
daß er sagte Wiesen, Landschaft.
Ich, den Sprechern der Wagen dienend
hieß: wer geht dort
wer ist das
was will der
wo will der hin

schau!
Meine Hose: so schau, seine Hose,
mein Hemd: schau sein Hemd.
Du bist jetzt erkannt
auf frischer Tat ertappt,
und frischer rollte Wagen um Wagen.
Es muß einen geben der nichts sagt,
wir haben dich gefunden,
es muß einen geben der stumm ist,
wir haben dich gefunden
zuerst nur gefragt: wer geht dort
wer ist das
was will der
zuerst nur gerufen: seine Hose
sein Hemd,
aber dann doch gewußt:
da geht der Bienenkönig
und der Himmel war königsblau
und die Bäche schon meerblau
und die Landschaft leuchtend
die Scheunen heller glänzend
die Neonflächen erlöschend, blinkend
das Flugzeug plötzlich leise
die Häuser geduckt unter Brombeer
nur noch die Schönheit
da geht der Dorfkönig.
Die Straßen, so schnell waren sie ein Kranz
die ersten Abendscheinwerfer schnell Heiligenscheine
die lange Gewalt hat ihren Lohn.
Millionen Worte haben diesen Wagen gebaut
jetzt du bleib stehen;

jetzt du bleib stehen.
Wenn du sprichst, sprich über die Schulter,
hinter dir, die Stadt, die einsame,
hinter der Stadt, die einsame, die Landschaft,
nimm den großen einsamen Lohn,
aber wenn du sprichst, sprich über die Schulter.
(Aber dann doch gewußt.)
Und spritz in dich Insulin.
Und dann besser noch: kein Insulin.
Den Blumenhimmel besprechen wir
die feste blaue Kugel
das metallische Blau,
noch ziehen wir hier hindurch
und weiter dorthin
aus der Isolation förmlich ineinander.
Und es muß die Unschuldigen geben,
die reden vieles,
es muß die stumm sind geben,
die haben Schulden und die sind schwer.
Wir sind leicht
ihr seid schwer.
Und an einer mit Verboten geregelten Kreuzungsstelle
begegnen wir einander.
Und wecken die Stille.
Und ihr trinkt das Benzin.
Unsere Wagen brauchen Benzin.
Kein Bunker für uns, kein Grabstein.
Wir gehen die Stille wecken
und schenken sie euch.
Hier, unser leises Geschenk,
wir waren nicht leise, verzeiht.

Ich stand unter einem blauen Himmel.
Klärte ich eine Schuldfrage?
Und da hatte ich jenes neue Wort
des verzeihlichen Sprechens.
Da zahlte ich meine Schuld zurück,
ohne Worte, nur Zahlen.
Ich sprach verzeihlich: ich zahlte,
zählte, erzählte.
Die Erzählung vom Benzin.

Nicht deutlich genug? Was wünschen Sie, verehrte Zuhörer? Muß man Sie besonders loben? Wie tief würde sich mancher Dichter vor Ihnen verneigen? Wieviele Sprachen sprechen Sie denn? Wieviele Preislieder müssen gesungen werden, daß Ihr Sinn ein bißchen zu gehen beginnt? Verlieben Sie sich denn nie? Haben Sie gar nichts Jakobinisches mitgebracht und gar keines jener Worte aus den Sprachen der Landstreicher? Lassen Sie mich zum Schluß, aus diesen Gedanken über das Kontinuum, zwei kleinere Schlüsse ziehen. – Verlag und Buch erschaffen für manches in der Literatur einen unzureichenden Ort. Für das bibliophil bis räumlich und visuell entwickelte Werk des Bodo Hell, das ich mir hier als Beispiel denke, gehört noch über das, was ein Verlag tun kann oder könnte, hinaus, eine weitere, räumliche, zeitliche Dimension erschaffen, ein Ort für Sprache vor allem unter allen ihren Bedingungen des Stillen oder Ziellosen, besser noch für das Wimperförmige der Sprache. – Und dann: in Österreich, jetzt fällt also einmal der Landesname, wird zu wenig übersetzt. Und mit Übersetzung ist gemeint: seine Sprache verlieren, zugunsten von – Kontinuum. Ungeschickt werden, defizitär, mit sich uneins über die Übersetzbarkeit, ungeduldig, zornig, den Tag fast verderben, fluchen, quasi aufhören mit Deutsch, weil es den fremden Sprachen so gar nicht zugehören will, einem Kontinuum gar nicht zugehören will. Übersetz bis zum Kontinuum, sagte ich mir eines Morgens und rannte sogleich aus dem Bett zum Tisch zum Schreiben.